webglober.com

présente

MAITRISEZ LE MARKETING DIGITAL

Retrouvez votre pouvoir de séduction commerciale

1 INTRODUCTION

Le monde digital nous engloutit, transformant nos méthodes de communication, de commerce et même notre façon de penser. Dans ce contexte, le marketing digital est devenu une arme essentielle pour les entreprises qui veulent prospérer.

1.1 CONTEXTE ET IMPORTANCE DU MARKETING DIGITAL

À l'aube du 21e siècle, nous avons été témoins d'une révolution dans la manière dont les entreprises interagissent avec les consommateurs. Le marketing digital est né de cette révolution, fusionnant la technologie et la créativité pour atteindre et engager un public plus large que jamais auparavant.

1.1.1.1 *Évolution du Marketing*

Traditionnellement, le marketing était centré sur des médias tels que la télévision, la radio et la presse écrite. Cependant, avec l'explosion d'Internet, le paysage marketing s'est radicalement transformé. En 1990, la création du premier moteur de recherche, Archie, a marqué le début d'une ère où l'information est devenue facilement accessible (Leiner et al., 2009).

1.1.1.2 Importance du Marketing Digital

Le marketing digital ne se limite pas à un outil ou à une plateforme ; il englobe un ensemble de techniques et de tactiques utilisées pour atteindre, engager et convertir les consommateurs en ligne. Voici pourquoi il est devenu indispensable :

1.1.1.2.1 Portée Globale

Le marketing digital permet aux entreprises de toucher un public mondial sans les contraintes géographiques traditionnelles. Avec plus de 4,6 milliards d'utilisateurs d'Internet dans le monde en 2021 (Statista, 2021), l'opportunité de portée est immense.

1.1.1.2.2 Mesurabilité et Suivi

Contrairement au marketing traditionnel, les campagnes de marketing digital peuvent être suivies et mesurées en temps réel. Cela permet une analyse détaillée de la performance et un ajustement rapide des stratégies (Chaffey, 2015).

1.1.1.2.3 Personnalisation et Segmentation

Le marketing digital offre la possibilité de segmenter le public et de créer des communications personnalisées. Les entreprises peuvent cibler les consommateurs en fonction de leurs intérêts, de leur comportement et de leurs données démographiques (Smith, 2016).

1.1.1.2.4 Coût-Efficacité

Les canaux de marketing digital, tels que les médias sociaux et le marketing par courriel, sont souvent plus abordables que les médias traditionnels. Ils offrent un excellent retour sur investissement, surtout pour les petites et moyennes entreprises (Kotler et al., 2010).

1.1.1.2.5 Engagement du Client

Avec l'essor des plateformes sociales, l'engagement client est devenu une partie centrale du marketing digital. La communication bidirectionnelle permet de créer une relation plus profonde et plus significative avec le client (Tiago et Veríssimo, 2014).

Le marketing digital n'est pas simplement une tendance passagère ; c'est une évolution fondamentale dans la manière dont les entreprises et les consommateurs interagissent. En embrassant le marketing digital, les marques peuvent atteindre un public plus vaste, créer des relations plus fortes et mesurer l'efficacité de leurs efforts de manière plus précise.

Dans un monde où la technologie continue de transformer notre façon de vivre et de faire des affaires, le marketing digital est non seulement pertinent, mais essentiel à la réussite dans le paysage commercial moderne.

1.2 POURQUOI CE GUIDE EST ESSENTIEL POUR LE JEUNE ENTREPRENEUR

Dans le contexte actuel où le numérique règne en maître, l'importance de bien marketer en ligne son projet n'est plus à démontrer. Il ne s'agit pas simplement d'une stratégie supplémentaire, mais d'une nécessité impérieuse pour tout entrepreneur cherchant à réussir dans le monde d'aujourd'hui. Laissez-moi, vous expliquer pourquoi.

1.2.1.1.1 Accès à un Public Global

Dans une époque où tout est globalisé, le marketing en ligne vous permet de toucher un public sans frontières. L'Internet connecte plus de la moitié de la population mondiale, offrant une opportunité de marché énorme (Kemp, 2021).

1.2.1.1.2 Adaptabilité et Réactivité

Le marketing en ligne permet une flexibilité sans précédent. Vous pouvez adapter rapidement vos campagnes en réponse à des changements dans le marché ou au comportement des consommateurs (Wind & Mahajan, 2002).

1.2.1.1.3 Analyse et Mesure de Performance

Le suivi des performances en temps réel est l'un des plus grands atouts du marketing en ligne. Vous pouvez mesurer le ROI et comprendre ce qui fonctionne ou non, permettant ainsi une optimisation constante (Chaffey & Smith, 2017).

1.2.1.1.4 Coût-Efficient

Comparé au marketing traditionnel, les coûts du marketing en ligne peuvent être considérablement réduits. Il offre un accès à des outils et des plateformes abordables même pour les entrepreneurs aux budgets limités (Kotler & Armstrong, 2016).

1.2.1.1.5 Personnalisation et Engagement

Le marketing en ligne permet une personnalisation poussée, améliorant ainsi l'engagement du client. Vous pouvez interagir avec vos clients de manière plus personnalisée et créer une relation plus solide (Peppers & Rogers, 2016).

1.2.1.1.6 Accélération du Processus de Vente

Avec l'utilisation de tactiques telles que le marketing d'automatisation, vous pouvez accélérer le processus de vente, convertir plus rapidement les prospects en clients et augmenter ainsi vos revenus (Mangold & Faulds, 2009).

1.2.1.1.7 Alignement avec les Tendances de Consommation

Les consommateurs d'aujourd'hui recherchent des informations et achètent en ligne. En ne présence en ligne, vous vous alignez avec ces comportements et vous positionnez là où les clients prennent leurs décisions d'achat (Qualman, 2012).

Chers lecteurs, le marketing en ligne n'est pas simplement une option; c'est une nécessité absolue pour tout entrepreneur moderne. Il vous positionne là où vos clients sont, vous donne les outils pour comprendre, engager et convertir ces clients, et vous offre la flexibilité et l'efficacité dont vous avez besoin pour réussir dans un monde commercial en constante évolution.

Le marketing en ligne est un investissement dans votre avenir, et un que je vous encourage vivement à faire.

2 COMPRENDRE ET ANALYSER LE MARCHÉ

Avant de définir une stratégie, il est essentiel de comprendre l'arène dans laquelle vous allez vous battre. Cette section détaille comment cartographier le terrain, identifier les forces en présence et établir votre position unique.

2.1 L'AUDIT STRATÉGIQUE ET LE BENCHMARK CONCURRENTIEL

La première étape vers le succès est de savoir où vous vous situez. Découvrez comment évaluer votre position actuelle, analyser vos concurrents et déceler des opportunités à travers un audit méticuleux et des benchmarks.

2.1.1 Analyse des concurrents et du marché

2.1.1.1 *Analyse des Concurrents*

L'analyse des concurrents est un élément vital pour comprendre la position d'une entreprise dans son secteur. Elle permet d'identifier les forces et faiblesses des concurrents directs et indirects, et de découvrir des opportunités et menaces qui pourraient affecter l'entreprise.

Prenons le cas de l'entreprise fictive ABC, une start-up dans l'industrie technologique. En analysant ses principaux concurrents, ABC découvre que leur avantage concurrentiel réside dans leur service client. Par conséquent, ABC peut choisir de concentrer ses efforts sur l'amélioration de cette zone pour gagner une part de marché.

2.1.1.2   Analyse du Marché

L'analyse du marché est une évaluation systématique de la taille, des tendances, de la croissance et de la demande du marché cible. Elle permet d'identifier les segments de marché pertinents et de développer des stratégies pour répondre aux besoins spécifiques des consommateurs.

L'entreprise XYZ, dans l'industrie alimentaire, identifie une tendance croissante vers des produits biologiques. En s'adaptant à cette tendance, XYZ lance une nouvelle ligne de produits biologiques, répondant ainsi à la demande du marché.

2.1.2   Outils et techniques

2.1.2.1   Audit Stratégique

L'audit stratégique est un processus complet d'examen et d'évaluation des stratégies commerciales. Il comprend l'analyse des ressources internes, des capacités, des processus, et de la manière dont elles correspondent aux opportunités et menaces externes (Porter, 1985).

L'entreprise DEF, dans le secteur de la mode, utilise un audit stratégique pour évaluer ses ressources et capacités. Elle découvre que son principal avantage réside dans son design innovant et décide d'investir davantage dans la R&D.

2.1.2.2 *Benchmark Concurrentiel*

Le benchmark concurrentiel consiste à comparer les produits, services, et processus de l'entreprise à ceux des concurrents ou des leaders de l'industrie afin d'établir des normes et d'identifier les domaines d'amélioration (Kotler et Keller, 2016).

La société GHI, spécialisée dans les logiciels, utilise le benchmarking pour comparer ses produits à ceux d'un leader de l'industrie. Elle identifie des domaines où elle peut améliorer la facilité d'utilisation et la fonctionnalité et met en œuvre des changements pour rester compétitive.

Ces techniques et outils sont essentiels pour tout entrepreneur souhaitant comprendre son marché et ses concurrents et développer des stratégies efficaces pour réussir dans son secteur. En utilisant des analyses minutieuses et des outils éprouvés, les entrepreneurs peuvent gagner en perspicacité et en clarté dans leurs efforts de marketing et de développement des affaires.

2.2 La Matrice SWOT et Analyse PESTEL

Mettez en lumière les forces, faiblesses, opportunités et menaces de votre entreprise. Enrichissez cette compréhension avec une évaluation macro de l'environnement externe. Ensemble, ils tracent le chemin pour une stratégie optimale.

2.2.1 Évaluation interne et externe pour le développement de votre projet

2.2.1.1 L'Analyse SWOT

L'analyse SWOT est une technique de gestion stratégique qui permet d'identifier les Forces (Strengths), les Faiblesses (Weaknesses), les Opportunités (Opportunities) et les Menaces (Threats) d'une entreprise ou d'un projet. L'objectif de cette méthode est d'aider les entrepreneurs à identifier les facteurs internes et externes qui influencent la réalisation de leurs objectifs.

2.2.1.1.1 Évaluation interne : Forces et Faiblesses

L'évaluation interne concerne les éléments que l'entreprise peut contrôler, tels que les ressources, les compétences, et les processus internes.

Forces : Les forces peuvent inclure des éléments tels que la technologie de pointe, un personnel qualifié, une bonne réputation, etc. Par exemple, une entreprise qui possède une équipe de développement talentueuse peut créer des produits innovants qui se démarquent sur le marché (Porter, 1985).

Faiblesses : Les faiblesses sont les aspects internes qui peuvent entraver l'atteinte des objectifs. Par exemple, une mauvaise gestion des ressources humaines peut entraîner un manque de motivation au sein de l'équipe, réduisant ainsi la productivité (Kaplan et Norton, 1996).

2.2.1.1.2 Évaluation externe : Opportunités et Menaces

L'évaluation externe concerne les éléments que l'entreprise ne peut pas contrôler, comme les facteurs économiques, sociaux, politiques, technologiques, environnementaux et légaux.

Opportunités : Ces facteurs peuvent inclure des éléments tels que l'émergence de nouveaux marchés, les changements réglementaires favorables, etc. Par exemple, l'adoption de nouvelles réglementations environnementales peut créer une opportunité pour une entreprise spécialisée dans les produits écologiques (Prahalad et Hamel, 1990).

Menaces : Les menaces peuvent inclure des éléments comme la concurrence, les changements dans les préférences des consommateurs, les fluctuations économiques, etc. Par exemple, une augmentation soudaine de la concurrence peut menacer la part de marché d'une entreprise (Porter, 1979).

2.2.1.2 *L'Analyse PESTEL*

L'analyse PESTEL est une autre méthode d'évaluation externe, axée sur l'identification des facteurs Politiques,

Économiques, Sociaux, Technologiques, Environnementaux et Légaux qui peuvent influencer une entreprise ou un projet. Elle offre une vue d'ensemble des facteurs macro-environnementaux qui pourraient affecter l'entreprise.

Politiques : Cela peut inclure des facteurs tels que la stabilité gouvernementale, la politique fiscale, les relations internationales, etc. Par exemple, un changement de gouvernement peut entraîner une révision des lois sur l'importation et l'exportation, affectant ainsi les entreprises internationales (Mintzberg, 1994).

Économiques : Cela comprend les taux d'intérêt, l'inflation, les taux de change, etc. Par exemple, une augmentation des taux d'intérêt peut augmenter les coûts d'emprunt pour une entreprise et affecter sa rentabilité (Friedman, 1962).

Sociaux : Les facteurs sociaux incluent la démographie, les attitudes et valeurs culturelles, les tendances de consommation, etc. Par exemple, une prise de conscience croissante de l'importance de la santé peut favoriser une entreprise spécialisée dans les produits biologiques (Maslow, 1943).

Technologiques : Les changements technologiques peuvent influencer l'innovation, la recherche et le développement. Par exemple, l'avènement de l'Internet des objets (IoT) a ouvert de nouvelles opportunités pour les entreprises spécialisées dans la technologie connectée (Christensen, 1997).

Environnementaux : Cela peut inclure les préoccupations liées au changement climatique, aux déchets, à la pollution, etc. Par exemple, les entreprises doivent de plus en plus prendre en compte les impacts environnementaux de leurs produits et services (Porter et van der Linde, 1995).

Légaux : Les lois et réglementations affectent tous les aspects de l'entreprise, des contrats de travail aux normes de qualité. Par exemple, les changements dans la réglementation de la protection des données peuvent exiger que les entreprises adaptent leurs pratiques en matière de confidentialité (Lessig, 1999).

L'analyse SWOT et l'analyse PESTEL sont deux outils essentiels dans l'arsenal de tout entrepreneur souhaitant développer et réussir son projet. Ensemble, elles offrent une vue d'ensemble complète des forces et des faiblesses internes, ainsi que des opportunités et des menaces externes. En utilisant ces outils, les entrepreneurs peuvent développer des stratégies robustes et flexibles pour naviguer dans l'environnement commercial en constante évolution.

2.2.2 Études de cas

2.2.2.1 *Étude de Cas 1: Apple Inc. - Utilisation de la Matrice SWOT*

Apple Inc., l'un des géants mondiaux de la technologie, est spécialisé dans la conception, la fabrication et la commercialisation de produits électroniques grand public, de logiciels et de services en ligne. Apple a transformé l'industrie avec ses produits innovants comme l'iPhone, l'iPad et l'Apple Watch, et a créé une marque évaluée à plusieurs milliards de dollars. Cette étude examine la matrice SWOT d'Apple Inc. pour comprendre ses forces et faiblesses internes, ainsi que les opportunités et menaces externes.

Forces et Faiblesses: Apple est connue pour son innovation constante, créant des produits qui ont redéfini leurs marchés respectifs. Sa force réside dans la capacité à lancer des produits révolutionnaires et à maintenir une fidélité exceptionnelle à la marque. Toutefois, cette force est également une faiblesse, car une grande partie du chiffre d'affaires d'Apple provient de l'iPhone. Cette dépendance envers une gamme limitée de produits peut représenter un risque si les ventes de cet appareil fléchissent.

Opportunités et Menaces: Au-delà de ses marchés actuels, Apple peut encore croître en pénétrant davantage de marchés émergents comme l'Inde et l'Afrique. La demande de smartphones et autres technologies est en croissance rapide dans ces régions, offrant d'énormes opportunités. Cependant, la concurrence est également une menace sérieuse, avec des entreprises comme Samsung et Huawei offrant une forte concurrence, notamment dans les pays en développement où elles proposent des produits à des prix plus bas.

L'analyse SWOT d'Apple Inc. révèle une entreprise robuste avec des opportunités de croissance significatives, mais aussi confrontée à des défis sérieux, notamment la dépendance à une gamme de produits limitée et la concurrence féroce. Le développement de produits innovants et la diversification peuvent être des stratégies clés pour assurer un succès continu.

2.2.2.2 Étude de Cas 2: Tesla, Inc. - Utilisation de l'Analyse PESTEL

Tesla, Inc. est un constructeur automobile américain pionnier dans les véhicules électriques et les solutions énergétiques renouvelables. Avec l'évolution rapide de l'industrie automobile vers l'électrification, cette étude utilise l'analyse PESTEL pour examiner l'environnement macroéconomique dans lequel Tesla opère et les facteurs qui influencent son succès.

L'environnement politique joue un rôle essentiel dans le succès de Tesla, avec de nombreux gouvernements offrant des incitations pour l'achat de véhicules électriques. Economiquement, la fluctuation des prix des batteries lithium-ion, essentielles pour les véhicules électriques, peut affecter les marges de Tesla. Socialement, la prise de conscience croissante des questions environnementales crée une demande accrue pour les véhicules électriques. Technologiquement, Tesla investit dans la recherche et le développement de nouvelles technologies de batteries, visant à réduire les coûts et à améliorer l'efficacité. Les réglementations environnementales plus strictes favorisent les véhicules électriques, ce qui pourrait bénéficier à Tesla sur le plan environnemental. Légalement, la conformité aux réglementations de sécurité dans différents pays peut affecter la conception et la production de ses véhicules.

L'analyse PESTEL de Tesla révèle une entreprise positionnée pour tirer parti de l'évolution des attitudes envers l'environnement et la mobilité. Cependant, la volatilité des prix des matières premières, les défis réglementaires, et la dynamique changeante de l'industrie représentent des risques potentiels. La surveillance continue de l'environnement macroéconomique et l'adaptation en conséquence seront essentielles pour la réussite future de Tesla. Le cas de Tesla illustre comment une entreprise peut naviguer dans un paysage complexe et en évolution pour continuer à innover et à croître dans une industrie compétitive.

2.3 LA DÉFINITION DES OBJECTIFS AVEC LA MATRICE SMART

Une entreprise sans objectifs clairs est comme un navire sans boussole. Apprenez à définir des objectifs spécifiques, mesurables, atteignables, pertinents et temporellement définis pour guider vos efforts de marketing.

2.3.1 Fixer des objectifs clairs et mesurables

L'un des défis les plus courants auxquels sont confrontés les entrepreneurs lors de la création et du développement d'un projet est la définition claire et réalisable des objectifs. Définir des objectifs solides et mesurables est essentiel pour guider une entreprise vers le succès. Dans le monde du marketing digital, où tout évolue rapidement, avoir des objectifs bien définis est encore plus crucial.

La matrice SMART est un outil fondamental dans ce processus. SMART est un acronyme pour Spécifique, Mesurable, Atteignable, Réaliste, et Temporellement défini. Cette méthode permet de cadrer les objectifs d'une manière qui les rend clairs et réalisables, augmentant ainsi les chances de succès.

2.3.1.1 *Spécifique*

L'objectif doit être clair et précis. Plutôt que de dire "Je veux augmenter les ventes", un objectif spécifique serait "Je veux augmenter les ventes de 25% en six mois sur le marché français." Ceci garantit que l'équipe comprend exactement ce qui est attendu. Par exemple, la société XYZ a fixé l'objectif d'augmenter la participation des clients sur sa plateforme en ligne de 15% dans un délai de trois mois, en ciblant spécifiquement les utilisateurs de la tranche d'âge 18-24 (Kaplan et Norton, 1996).

2.3.1.2 Mesurable

Si vous ne pouvez pas mesurer un objectif, comment saurez-vous quand vous l'avez atteint ? Dans notre exemple précédent, l'augmentation de 25% est un chiffre mesurable. La société XYZ pourrait utiliser des outils d'analyse pour suivre les taux de participation et mesurer les progrès réalisés (Doran, 1981).

2.3.1.3 Atteignable

Les objectifs doivent être réalistes et réalisables avec les ressources disponibles. Fixer un objectif de triplement des ventes en un mois peut ne pas être atteignable, ce qui peut conduire à la démotivation de l'équipe. Pour la société XYZ, une augmentation de 15% dans un délai de trois mois pourrait être considérée comme atteignable en fonction de leurs ressources et de leur marché cible.

2.3.1.4 Réaliste

L'objectif doit être pertinent pour la mission de l'entreprise et réalisable dans le contexte actuel. Si la société XYZ est une petite start-up, l'objectif d'atteindre un million de nouveaux utilisateurs en un mois peut ne pas être réaliste. Cela nécessiterait une compréhension de la réalité du marché et des capacités de l'entreprise (Drucker, 1954).

2.3.1.5 *Temporellement défini*

Chaque objectif doit avoir une échéance claire. Sans un calendrier, il n'y a pas d'urgence à travailler vers l'objectif. Dans l'exemple de la société XYZ, un délai de trois mois fixe un cadre clair pour l'équipe, permettant une planification et une exécution efficaces (Locke et Latham, 1990).

En conclusion, la matrice SMART est un outil précieux pour définir des objectifs dans le marketing digital, fournissant un cadre clair et cohérent pour guider une entreprise vers le succès. Que vous soyez un entrepreneur en phase de démarrage ou un vétéran de l'industrie, l'application de cette méthode vous aidera à créer des objectifs qui sont non seulement inspirants mais aussi atteignables. Les exemples comme celui de la société XYZ illustrent comment ces principes peuvent être appliqués dans la pratique, offrant une feuille de route claire pour le développement et la croissance d'un projet entrepreneurial.

2.3.2 Suivi et évaluation

Une fois que les objectifs sont définis en utilisant la matrice SMART, la prochaine étape cruciale est de suivre et d'évaluer ces résultats. Cette phase est vitale car elle assure que les objectifs restent au centre de tous les efforts et permet d'apporter des corrections en cours de route si nécessaire. Voici comment vous pouvez efficacement suivre et évaluer vos résultats dans le marketing digital.

2.3.2.1 Mettre en Place des Indicateurs de Performance Clés (KPIs)

Chaque objectif doit être associé à des KPIs spécifiques qui permettent de mesurer les progrès vers l'atteinte de l'objectif. Si l'objectif est d'augmenter les ventes de 25%, alors le taux de conversion, le chiffre d'affaires, et le nombre de nouveaux clients pourraient être des KPIs appropriés. Ces indicateurs devraient être régulièrement suivis et analysés pour évaluer l'efficacité des efforts de marketing.

Imaginons une entreprise de commerce électronique qui a fixé un objectif d'augmenter les ventes de 10% au cours du prochain trimestre. Les KPIs sélectionnés incluent le taux de conversion, le panier moyen, et le taux de rétention des clients. En suivant ces KPIs à l'aide d'outils comme Google Analytics, l'équipe de marketing peut rapidement identifier les tendances. Si, par exemple, le taux de conversion commence à baisser, cela peut être un signal qu'un élément du site web, comme la page de paiement, doit être optimisé. En effectuant des ajustements en temps réel basés sur ces KPIs, l'entreprise reste alignée sur son objectif et peut prendre des mesures correctives en cas de besoin.

2.3.2.2 Utiliser des Outils de Suivi

Le marketing digital offre une variété d'outils qui peuvent être utilisés pour suivre les progrès vers les objectifs. Des plateformes comme Google Analytics, HubSpot, et

Salesforce permettent de suivre les KPIs en temps réel. Par exemple, si votre objectif est d'augmenter l'engagement sur les réseaux sociaux, des outils comme Hootsuite ou Buffer peuvent aider à suivre les likes, les partages, et les commentaires.

2.3.2.3 *Établir des Points de Contrôle Réguliers*

La création de points de contrôle réguliers, comme des réunions hebdomadaires ou mensuelles avec l'équipe, assure que tout le monde reste aligné et concentré sur les objectifs. Ces réunions peuvent servir à examiner les progrès, à discuter des défis et à apporter des ajustements aux stratégies si nécessaire.

Prenons une start-up technologique qui vise à augmenter le nombre d'utilisateurs actifs de son application mobile de 15% en six mois : pour s'assurer que cet objectif reste une priorité, l'équipe de direction établit des réunions bihebdomadaires pour évaluer les progrès. Ces points de contrôle réguliers permettent de discuter des succès, des défis et des opportunités d'ajustement. Par exemple, si l'acquisition d'utilisateurs est en retard par rapport à l'objectif, l'équipe peut décider de lancer une nouvelle campagne publicitaire ciblée ou d'optimiser l'onboarding dans l'application. Ces réunions maintiennent l'équipe focalisée et agile dans la poursuite de l'objectif.

2.3.2.4 *Évaluer et Ajuster*

Le suivi n'est pas seulement un processus de collecte de données; il doit également informer l'action. Si les objectifs ne sont pas en voie d'être atteints, il faut comprendre pourquoi et faire les ajustements nécessaires. Par exemple, si l'objectif est d'augmenter le trafic du site web de 20% et que les progrès sont plus lents que prévu, une analyse plus profonde pourrait révéler que les mots-clés ciblés ne sont pas optimaux. Une révision de la stratégie de référencement pourrait alors être nécessaire.

Ici, prenons une agence de marketing digital qui a l'objectif de générer 5,000 nouveaux leads pour un client au cours d'une campagne de trois mois. Après le premier mois, l'équipe évalue les résultats et constate qu'ils sont en dessous des prévisions. Une analyse plus profonde révèle que bien que le contenu génère du trafic, il ne convertit pas les visiteurs en leads. L'équipe décide alors d'ajuster la stratégie, en modifiant l'appel à l'action et en proposant un contenu plus ciblé. Ces changements entraînent une augmentation du taux de conversion, mettant l'agence sur la bonne voie pour atteindre son objectif.

2.3.2.5   *Créer un Rapport Final*

À la fin de la période de l'objectif, un rapport final doit être créé, résumant les réussites, les leçons apprises, et les domaines nécessitant une amélioration. Ceci peut informer la définition des objectifs futurs et contribuer à une culture d'amélioration continue.

Ce serait l'exemple d'une entreprise de produits de beauté qui a pour objectif d'augmenter la notoriété de la marque de 20% dans une région cible sur un an. À la fin de l'année, un rapport final est créé, résumant les succès, comme l'augmentation des mentions de la marque sur les réseaux sociaux, et les défis, comme la difficulté à engager un segment de marché spécifique. Ce rapport n'est pas seulement une évaluation de la performance mais aussi une opportunité d'apprentissage, guidant la stratégie de l'année suivante.

En somme, le suivi et l'évaluation des objectifs dans le marketing digital sont des processus continus qui nécessitent une attention constante, des outils adéquats, et une volonté d'adapter et d'ajuster les stratégies au besoin. Il ne suffit pas simplement de fixer des objectifs; il faut également mettre en place les mécanismes pour s'assurer qu'ils sont poursuivis de manière efficace. La combinaison de la définition claire des objectifs à l'aide de la matrice SMART avec une stratégie de suivi et d'évaluation robuste peut grandement améliorer les chances de succès dans vos efforts de marketing digital.

3 DÉVELOPPER ET AFFINER SA STRATÉGIE

Avec une compréhension claire du marché, il est temps de construire votre stratégie. Ici, vous découvrirez comment cibler, positionner et diffuser votre message de manière efficace.

3.1 DÉFINITION DES CIBLES - LES PERSONAS

Derrière chaque clic, il y a un humain. Comprenez qui ils sont, ce qu'ils désirent et comment ils interagissent avec le monde digital. Ce chapitre vous guidera dans la création de personas, des avatars de vos clients idéaux.

3.1.1 Identifier et comprendre le public cible

L'identification et la compréhension du public cible sont des éléments essentiels de toute stratégie de marketing. Dans le domaine du marketing digital, ces aspects sont encore plus accentués, car le monde en ligne offre une multitude de canaux et de plateformes où les différents segments de la population passent leur temps. Il est crucial de comprendre où et comment interagir avec votre public cible pour maximiser l'efficacité de votre marketing.

3.1.1.1 Identification

3.1.1.1.1 Définir les Personas de l'Acheteur

Une technique fréquemment utilisée pour identifier le public cible consiste à créer des personas de l'acheteur. Ces personnages fictifs sont basés sur des recherches réelles et représentent différents segments de votre clientèle idéale (Cooper, A., Reimann, R., & Cronin, D., 2014). Par exemple, un site de vente en ligne de matériel de sport pourrait avoir des personas comme "l'athlète compétitif" ou "le parent sportif." En comprenant les besoins, les désirs et les comportements de ces personas, l'entreprise peut personnaliser son marketing pour mieux résonner avec chaque segment.

3.1.1.1.2 Analyser les Données Démographiques et Comportementales

Les données sont un outil puissant pour identifier qui est vraiment intéressé par vos produits ou services. Des plateformes comme Google Analytics peuvent vous montrer l'âge, le sexe, la localisation géographique, et même les intérêts de vos visiteurs. Par exemple, une entreprise de cosmétiques vegan pourrait découvrir que la majorité de son public est composée de femmes de 18 à 34 ans vivant dans des zones urbaines, et utiliser cette information pour cibler ses publicités.

3.1.1.2 Comprendre

3.1.1.2.1 Cartographier le Parcours de l'Acheteur

Le parcours de l'acheteur est le processus que votre client potentiel suit depuis la première prise de conscience de votre produit jusqu'à la décision d'achat. En cartographiant ce parcours, vous pouvez comprendre à quel moment intervenir avec le bon message (Schmitt, B., 2011). Prenons l'exemple d'une entreprise SaaS (Software as a Service): le parcours peut commencer par une prise de conscience via un blog technique, suivie d'un intérêt généré par un essai gratuit, et finalement une conversion grâce à un appel de vente personnalisé.

3.1.1.2.2 Écouter et Engager sur les Réseaux Sociaux

Les réseaux sociaux sont une mine d'or pour comprendre ce que votre public cible pense et ressent (Kietzmann, J.H., Hermkens, K., McCarthy, I.P., & Silvestre, B.S., 2011). En écoutant les conversations et en engageant votre public sur des plateformes comme Twitter et Instagram, vous pouvez comprendre leurs préoccupations, leurs besoins et leurs désirs. Par exemple, une entreprise de mode peut suivre les hashtags populaires et engager les influenceurs pour comprendre les tendances actuelles et adapter sa ligne de produits en conséquence.

3.1.1.2.3 Réaliser des Enquêtes et des Interviews

Parfois, la meilleure façon de comprendre votre public cible est de lui poser directement des questions. Les enquêtes en ligne et les interviews peuvent fournir des informations précieuses sur ce que votre public veut et attend de vous (Malhotra, N. K., & Birks, D. F., 2007). Par exemple, une entreprise de logiciels éducatifs pourrait interviewer des enseignants pour comprendre comment rendre son produit plus utile dans la salle de classe.

En somme, l'identification et la compréhension du public cible ne sont pas des tâches uniques, mais plutôt un processus continu d'apprentissage et d'adaptation. L'objectif est de construire une image aussi complète que possible de qui sont vos clients idéaux, ce qu'ils veulent, et comment ils interagissent avec votre marque en ligne. La technologie offre de nombreux outils pour faciliter ce processus, mais il faut aussi une dose de créativité et d'empathie pour vraiment se connecter avec votre public. En ayant une compréhension profonde de votre public cible, vous pouvez créer un marketing plus efficace et authentique qui résonne avec ceux que vous cherchez à atteindre.

3.1.2   Création de profils de personas

La création d'un persona, ou d'un profil de client idéal, est une étape cruciale dans toute stratégie de marketing. Elle vous permet de comprendre vos clients potentiels de manière plus intime, de sorte que vous pouvez adapter vos produits, services, et messages de manière à résonner profondément avec eux. Voici comment créer un persona et pourquoi c'est si important.

3.1.2.1   Comprendre l'Importance des Personas

La création de personas va au-delà de la simple identification des données démographiques générales de votre marché cible. Il s'agit de comprendre les motivations, les peurs, les désirs et les besoins qui poussent vos clients à prendre une décision d'achat (Cooper et al., 2014).

Imaginez que vous lanciez une nouvelle marque de chaussures de course. Au lieu de simplement cibler "les personnes qui courent", vous pourriez créer un persona pour "le coureur sérieux" qui est passionné par son entraînement et un autre pour "le coureur occasionnel" qui recherche surtout le confort et le style.

3.1.2.2   Collecter des Données

La création d'un persona commence par la collecte de données. Vous pouvez utiliser des enquêtes, des interviews, et même des analyses des médias sociaux pour comprendre ce qui motive vos clients potentiels (Malhotra & Birks, 2007).

Pour notre marque de chaussures de course, vous pourriez interviewer des coureurs dans différents parcours de vie, mener un sondage en ligne sur les habitudes d'achat de chaussures, et analyser les conversations en ligne autour de la course pour comprendre ce qui compte vraiment pour votre public cible.

3.1.2.3 Analyser et Segmenter

Une fois que vous avez collecté vos données, l'étape suivante consiste à les analyser et à identifier des groupes distincts au sein de votre marché cible. Ces segments forment la base de vos différents personas (Wedel & Kamakura, 2000).

Dans notre exemple : vos données pourraient révéler que, bien que tous les coureurs aient besoin de chaussures, leurs besoins spécifiques varient considérablement. Les coureurs sérieux pourraient être plus préoccupés par la performance et la durabilité, tandis que les coureurs occasionnels pourraient se soucier davantage du prix et de l'apparence.

3.1.2.4 Créer des Profils Détaillés

Enfin, vous allez prendre ces segments et créer un profil détaillé pour chaque persona. Chaque profil doit inclure des informations telles que l'âge, la profession, les besoins et désirs, et même une photo ou une illustration représentative (Pruitt & Adlin, 2006).

Reprenons l'exemple. Votre profil pour "le coureur sérieux" pourrait inclure des détails tels que "35 ans, ingénieur, s'entraîne pour un marathon, dépense plus de 100€ par paire de chaussures, recherche des chaussures qui soutiennent une foule de foulées, lit des magazines spécialisés en course à pied."

En résumé, la création d'un persona est un processus méthodique qui nécessite une recherche approfondie, une analyse minutieuse, et une réflexion créative. Les personas permettent aux entreprises de voir le monde à travers les yeux de leurs clients, leur offrant une perspective précieuse qui peut informer chaque aspect de leur stratégie de marketing.

3.2 Le Mix Marketing - Les 4P

Plongez dans les principes fondamentaux du marketing et découvrez comment les 4P - Produit, Prix, Place, Promotion - peuvent être optimisés dans le monde digital pour une stratégie holistique.

3.2.1 Produit, Prix, Place, Promotion

Le marketing-mix est au cœur de toute stratégie marketing. Il s'agit d'un outil qui aide les entreprises à positionner leurs produits ou services sur le marché. Le concept du marketing-mix est souvent décrit en utilisant les 4P : Produit, Prix, Place, et Promotion. Voyons chaque élément plus en détail :

3.2.1.1 Produit

Le produit est l'offre matérielle ou immatérielle que vous mettez sur le marché. Il peut s'agir d'un bien, d'un service, ou même d'une combinaison des deux. Le produit doit répondre aux besoins et aux désirs de vos clients cibles, et sa conception doit refléter ces besoins (Kotler et al., 2015).

Imaginons que vous lancez une nouvelle gamme de cosmétiques bio. Votre produit doit non seulement offrir les avantages d'une cosmétique traditionnelle, mais également répondre à la demande croissante de produits naturels et sans cruauté animale.

3.2.1.2   Prix

Le prix est ce que vos clients paient en échange de votre produit. Il doit refléter la valeur perçue du produit, ainsi que votre positionnement sur le marché. Le prix doit également tenir compte des coûts, de la concurrence, et de la demande du marché (Monroe, 1990).

Dans notre illustration, si vos cosmétiques bio sont positionnés comme un produit premium, vous pouvez fixer un prix plus élevé, reflétant la qualité et l'éthique de la marque. Toutefois, ce prix doit toujours être en adéquation avec ce que vos clients sont prêts à payer.

3.2.1.3   Place

Place, ou la distribution, se réfère à la manière dont votre produit arrive aux clients. Il s'agit de sélectionner les canaux de distribution les plus efficaces et les plus rentables pour votre produit, qu'il s'agisse de magasins physiques, de commerce en ligne, ou d'une combinaison des deux (Rosenbloom, 2011).

Pour exemple, vos cosmétiques bio pourraient être vendus à la fois dans des boutiques haut de gamme et via une boutique en ligne exclusive. Cette stratégie de distribution multicanaux permettrait d'atteindre différents segments de marché.

3.2.1.4   Promotion

La promotion englobe toutes les activités que vous entreprenez pour promouvoir votre produit. Cela inclut la publicité, les relations publiques, les ventes personnelles, et la promotion des ventes. La promotion doit être alignée avec les autres P du marketing-mix pour créer un message cohérent et persuasif (Shimp, 2010).

Dans notre exemple, pour promouvoir vos cosmétiques bio, vous pourriez lancer une campagne publicitaire sur les réseaux sociaux mettant en avant les témoignages de clients satisfaits, tout en offrant des échantillons dans les magasins pour encourager l'essai du produit.

En somme, le marketing-mix et les 4P constituent une base solide pour développer et mettre en œuvre une stratégie marketing efficace. Ils permettent aux entreprises de proposer des offres qui résonnent avec leurs clients cibles, tout en assurant que les produits sont tarifés, distribués, et promus de manière appropriée.

3.2.2 Stratégies et tactiques

Les stratégies et tactiques du marketing-mix et des 4P (Produit, Prix, Place, Promotion) constituent une base fondamentale pour toute entreprise souhaitant réussir sur le marché. La combinaison et l'application judicieuses de ces quatre éléments peuvent aider une entreprise à atteindre ses objectifs de marketing et à se positionner de manière compétitive. Analysons ces éléments à travers des études de cas détaillées pour comprendre comment ils peuvent être appliqués dans des scénarios réels.

3.2.2.1 Étude de cas 1: Tesla Motors

Produit: Tesla s'est concentré sur le développement de voitures électriques de haute qualité, axées sur l'innovation et la durabilité. Ils ont su identifier le besoin d'une mobilité plus propre et ont créé une gamme de produits qui allient performance et respect de l'environnement.

Prix: La stratégie de tarification de Tesla a été progressivement orientée vers l'accessibilité. Au départ, ils ont lancé des modèles de luxe comme le Model S, avant d'introduire des modèles plus abordables comme le Model 3. Cette démarche permet de construire une image de marque de qualité tout en rendant la technologie accessible à un public plus large.

Place: La distribution directe aux consommateurs a permis à Tesla de contrôler l'expérience client et de maintenir des marges plus élevées. Ils ont créé des showrooms dans des emplacements stratégiques pour permettre aux clients de voir et de tester les voitures.

Promotion: Tesla a minimisé les dépenses publicitaires traditionnelles et a plutôt misé sur le bouche-à-oreille, les médias sociaux, et les apparitions publiques d'Elon Musk. Cela a créé une marque mystique et désirable sans les coûts publicitaires habituels.

3.2.2.2 Étude de cas 2: McDonald's

Produit: McDonald's offre une gamme de produits alimentaires rapides et constants, adaptés aux goûts locaux dans différents marchés. Par exemple, ils ont introduit le Maharaja Mac en Inde pour répondre aux préférences locales.

Prix: La tarification de McDonald's est axée sur la valeur, offrant des repas de bonne qualité à un prix abordable. Ils utilisent également des offres spéciales et des menus à prix réduits pour attirer différentes catégories de consommateurs.

Place: Avec plus de 38 000 restaurants dans le monde, McDonald's utilise une stratégie de distribution qui garantit une présence presque universelle. Cela inclut des emplacements dans les centres commerciaux, les aéroports, et les centres-villes, rendant l'accès à leurs produits pratique pour les clients.

Promotion: McDonald's utilise une variété de méthodes promotionnelles, y compris la télévision, la radio, les médias sociaux, et les sponsorisations. Leur capacité à créer des campagnes publicitaires mémorables et engageantes, comme la célèbre campagne "I'm Lovin' It", renforce la fidélité de la marque.

Ces études de cas illustrent comment les 4P peuvent être adaptés et utilisés de manière créative pour répondre aux besoins spécifiques de l'entreprise et du marché. Que ce soit Tesla, qui bouleverse une industrie traditionnelle avec des méthodes non conventionnelles, ou McDonald's, qui a affiné son marketing-mix pour offrir une expérience cohérente à l'échelle mondiale, ces exemples montrent que la compréhension et l'application des 4P sont essentielles à la réussite de toute entreprise.

3.2.2.3   Étude de cas 3: Nike

Produit: Nike est une entreprise qui a toujours mis l'accent sur l'innovation en matière de conception et de technologie. La société a développé des produits comme la chaussure auto-laçante HyperAdapt et la ligne Flyknit, qui utilise des matériaux recyclés. Ils créent également des produits spécifiques pour différents sports et niveaux d'activité.

Prix: Nike utilise une stratégie de tarification premium pour positionner ses produits comme des articles de qualité supérieure. Ils offrent également des gammes de prix variées pour accueillir différents segments de marché, comme la ligne "Nike Factory" pour les consommateurs plus sensibles aux prix.

Place: La distribution de Nike comprend une combinaison de magasins propres, de détaillants partenaires et d'une solide présence en ligne. Ils sélectionnent soigneusement leurs emplacements de vente au détail pour cibler les marchés actifs et sportifs.

Promotion: Nike s'est associé à des athlètes de haut niveau comme Michael Jordan et LeBron James pour promouvoir ses produits. Leurs campagnes publicitaires créatives et inspirantes, comme "Just Do It", résonnent auprès des consommateurs actifs et des amateurs de sport.

3.2.2.4 *Étude de cas 4: Amazon*

Produit: Amazon a commencé comme librairie en ligne, mais a rapidement diversifié son offre pour inclure pratiquement tout type de produit. Ils ont également introduit des services comme Amazon Prime et des appareils comme l'Amazon Echo, créant ainsi une gamme de produits et services qui s'entrelacent.

Prix: La stratégie de tarification d'Amazon est centrée sur la compétitivité. Ils utilisent des algorithmes pour ajuster constamment les prix afin de rester compétitifs et offrent des remises et des avantages aux membres Prime.

Place: Amazon utilise une distribution en ligne avec une logistique optimisée. Ils ont mis en place des centres de distribution dans des emplacements stratégiques pour garantir une livraison rapide. Leur service Prime Now promet même une livraison en deux heures dans certaines régions.

Promotion: La promotion d'Amazon se fait principalement en ligne. Ils utilisent des recommandations personnalisées, des e-mails marketing ciblés, et des offres spéciales comme le Prime Day pour encourager les achats.

Ces deux études de cas montrent que les 4P ne sont pas une formule rigide, mais un ensemble de principes qui peuvent être adaptés en fonction de la nature de l'entreprise et de son marché. Nike, avec son accent sur l'innovation et son positionnement haut de gamme, et Amazon, avec sa capacité à offrir une vaste gamme de produits à des prix compétitifs, illustrent comment les 4P peuvent être utilisés de manière flexible et efficace. Le succès de ces entreprises prouve que comprendre et appliquer ces principes fondamentaux reste essentiel dans le paysage commercial en constante évolution.

3.3 L'ARTICULATION PAID / OWNED / EARNED MEDIA

Le digital offre un éventail de plateformes pour diffuser votre message. Comprenez les nuances entre médias payants, possédés et gagnés et comment les intégrer pour une portée maximale.

3.3.1 Stratégies de contenu mixte

Le marketing digital évolue constamment, et l'une des stratégies cruciales dans cette sphère est l'articulation du contenu mixte dans les médias payants, détenus et gagnés. Comprendre comment ces trois types de médias s'intègrent et interagissent peut faire la différence dans le succès d'une campagne de marketing.

3.3.1.1 *Paid Media (Médias Payants)*

Les médias payants font référence à toute forme de contenu promotionnel qui est payée par une entreprise pour atteindre un public cible. Cela inclut la publicité en ligne, les posts sponsorisés, et les publicités display.

Par exemple, une entreprise de cosmétiques peut payer pour une publicité sur Facebook ciblant des femmes dans la tranche d'âge de 18 à 34 ans qui ont montré un intérêt pour les produits de beauté (Kumar, 2016).

3.3.1.2 Owned Media (Médias Détenus)

Les médias détenus sont les canaux qu'une entreprise possède et contrôle. Cela comprend leur site web, les comptes de réseaux sociaux, et les listes de courriels.

Dans notre entreprise de cosmétiques précédemment mentionnée peut utiliser son blog pour publier des articles sur comment appliquer le maquillage, en intégrant des liens vers leurs produits dans la boutique en ligne (Pulizzi, 2014).

3.3.1.3 Earned Media (Médias Gagnés)

Les médias gagnés sont essentiellement le bouche-à-oreille en ligne. Ils peuvent être obtenus par le biais de relations publiques, de critiques en ligne, des mentions sur les réseaux sociaux et du contenu généré par l'utilisateur.

Dans notre illustration, si un influenceur de beauté célèbre publie une critique positive d'un produit de l'entreprise de cosmétiques, cela peut être considéré comme un média gagné (Solis, 2015).

3.3.1.4 Articulation du Contenu Mixte

La clé du succès dans le marketing digital moderne est de comprendre comment ces trois formes de médias peuvent travailler ensemble pour créer une stratégie de contenu mixte cohérente.

- Stratégie de Synergie: Utilisez vos médias détenus comme base. Par exemple, créez un contenu de qualité sur votre blog et utilisez des médias payants pour promouvoir ce contenu auprès d'un public plus large. Ensuite, encouragez les partages et les commentaires pour augmenter vos médias gagnés (Scott, 2013).

- Intégration et Consistence: Assurez-vous que le message et l'apparence sont cohérents à travers les médias payants, détenus, et gagnés. Cela renforce la confiance et la reconnaissance de la marque.

- Mesure et Analyse: Utilisez des outils comme Google Analytics pour suivre comment chacun de ces éléments performe et s'interconnecte. Cela vous permet d'ajuster et d'affiner votre stratégie en cours de route (Kaushik, 2010).

On peut prendre l'exemple de Coca-Cola's "Share a Coke" Campaign. Ils ont utilisé une combinaison de médias payants (publicités TV), détenus (site web et réseaux sociaux) et gagnés (partages et hashtags sur les réseaux sociaux) pour créer une campagne virale réussie qui a encouragé l'engagement et a augmenté la notoriété de la marque (Brown & Hayes, 2015).

L'articulation du contenu mixte des médias payants, détenus, et gagnés n'est pas seulement une stratégie efficace; c'est une nécessité dans le paysage du marketing digital d'aujourd'hui. Comprendre comment ces éléments peuvent travailler en synergie permet aux marques de créer des campagnes plus engageantes et réussies.

3.3.2 Mesure et optimisation

Mesurer et optimiser le contenu mixte est essentiel pour assurer que votre stratégie marketing est efficace et atteint vos objectifs. Dans le domaine du marketing digital, cela exige une compréhension profonde de divers outils et méthodes pour suivre et améliorer la performance.

3.3.2.1 Mesures du Contenu Mixte

3.3.2.1.1 Mesure des Médias Payants

Le suivi de l'efficacité des médias payants peut se faire en mesurant le taux de clics (CTR), le coût par clic (CPC), et le retour sur investissement (ROI). Des outils comme Google Ads et Facebook Ads Manager sont couramment utilisés dans cette perspective.

- Taux de Clics (CTR): Mesure le pourcentage de personnes qui ont cliqué sur l'annonce après l'avoir vue.
- Coût par Clic (CPC): Évalue combien chaque clic sur l'annonce coûte à l'annonceur.
- Retour sur Investissement (ROI): Détermine la rentabilité de la campagne publicitaire.

Prenons l'exemple d'une entreprise peut analyser la performance de ses publicités payantes sur Facebook en examinant le nombre de clics générés par rapport au coût de la campagne, permettant de calculer le CPC et le ROI (Chaffey, 2017).

Plus concrètement, une entreprise de technologie lance une campagne publicitaire sur Google Ads pour promouvoir un nouveau gadget. Ils investissent 10 000 $ et suivent le CTR, le CPC et le ROI. Après un mois, ils constatent un CTR de 3%, un CPC moyen de 0,50 $ et un ROI de 150%. Ces mesures leur permettent de comprendre l'efficacité de la campagne et d'identifier des opportunités d'optimisation.

3.3.2.1.2 Mesure des Médias Détenus

Les médias détenus peuvent être mesurés en termes de trafic sur le site web, de taux de rebond, de temps passé sur le site et d'engagement sur les réseaux sociaux. Google Analytics est un outil souvent utilisé pour cela.

- Trafic sur le Site Web: Suivi du nombre de visiteurs sur le site web.
- Taux de Rebond: Le pourcentage de visiteurs qui quittent le site après avoir consulté une seule page.
- Engagement sur les Réseaux Sociaux: Analyse des likes, partages et commentaires.

Par exemple, un blogueur peut analyser le nombre de vues sur un article de blog spécifique et combien de temps les visiteurs passent sur la page pour évaluer l'engagement (Halligan et Shah, 2014).

Autre exemple, Une librairie en ligne lance un blog sur les livres et utilise Google Analytics pour suivre le trafic, le taux de rebond et l'engagement sur les réseaux sociaux. Ils observent que les articles avec des recommandations de livres attirent plus de trafic et ont un taux de rebond plus faible. Ils décident d'augmenter ce type de contenu et d'encourager plus de partages sur les réseaux sociaux.

3.3.2.1.3   Mesure des Médias Gagnés

Les médias gagnés sont souvent mesurés par des mentions dans les médias, des partages sur les réseaux sociaux et des avis positifs. Les outils de surveillance des médias sociaux comme Mention peuvent être utiles ici.

- Mentions dans les Médias: Suivi des fois où la marque est mentionnée par les médias.
- Partages sur les Réseaux Sociaux: Analyse du nombre et de la qualité des partages.
- Avis Positifs: Évaluation des commentaires et évaluations positives de la marque.

Une marque peut suivre le nombre de fois qu'elle est mentionnée sur Twitter après le lancement d'un nouveau produit pour évaluer l'impact des médias gagnés (Kietzmann et al., 2011).

Une start-up de soins de santé surveille les médias gagnés après le lancement d'une nouvelle application de suivi du bien-être. Ils utilisent des outils comme Mention pour suivre les mentions dans les médias, les partages sur les réseaux sociaux et les avis positifs dans l'App Store. Cette analyse leur permet d'évaluer la perception de leur marque et de travailler sur l'amélioration des zones nécessitant une attention particulière.

3.3.2.2 Optimisation du Contenu Mixte

3.3.2.2.1 Optimisation des Médias Payants

Cela implique l'ajustement des publicités pour améliorer la performance, en utilisant l'A/B testing, en ciblant de manière plus précise et en ajustant les enchères.

Dans l'exemple d'une entreprise de chaussures en ligne, elle peut tester deux versions différentes d'une publicité pour voir laquelle génère le plus de clics, et ensuite optimiser en conséquence (Fishkin, 2015).

Autre exemple : Une agence de voyages teste deux versions d'une annonce pour promouvoir une offre de voyage en Thaïlande. Une version utilise une image de plage, tandis que l'autre montre une expérience culturelle. L'annonce avec l'image de plage performe mieux, avec un CTR plus élevé, alors ils ajustent leur campagne en conséquence.

3.3.2.2.2 Optimisation des Médias Détenus

Améliorer le contenu et l'engagement sur vos propres canaux peut inclure l'optimisation des moteurs de recherche (SEO), l'amélioration de la qualité du contenu et l'utilisation des analyses pour informer les modifications.

Une entreprise peut optimiser son site web en utilisant des mots-clés pertinents et en créant un contenu de qualité pour améliorer son classement dans les résultats de recherche (Enge et al., 2012).

Plus en détail, une entreprise de mode améliore son site web en utilisant des mots clés pertinents et en créant des articles de blog de haute qualité sur les tendances de la mode. Ils suivent les performances à l'aide de Google Analytics et ajustent continuellement le contenu pour augmenter le trafic et l'engagement.

3.3.2.2.3 Optimisation des Médias Gagnés

Encourager davantage de médias gagnés peut se faire en engageant la communauté, en collaborant avec des influenceurs et en créant du contenu partageable.

Par exemple, une marque de vêtements peut collaborer avec des influenceurs de mode sur Instagram pour augmenter les mentions et les partages (Freberg et al., 2011).

Autre exemple, dans le même thème : Une entreprise de cosmétiques collabore avec des influenceurs de beauté sur YouTube pour créer des tutoriels en utilisant leurs produits. Ils encouragent également les partages en offrant des réductions pour les partages sur les réseaux sociaux. Cette approche augmente les mentions et les partages, renforçant ainsi la présence de la marque dans les médias gagnés.

Les mesures et l'optimisation du contenu mixte dans le marketing digital sont complexes mais cruciales. Elles exigent une compréhension profonde des objectifs, une analyse minutieuse des données et une volonté d'adapter et d'ajuster continuellement les stratégies pour atteindre le succès. Les exemples fournis offrent un aperçu pratique de la façon dont ces concepts peuvent être appliqués dans différents scénarios et industries.

4 Techniques et Tactiques de Marketing Digital

Avec une stratégie en place, il est temps de plonger dans les techniques et tactiques spécifiques qui convertissent, engagent et fidélisent vos clients.

4.1 Le Funnel Marketing et le Customer Journey Mapping

Chaque client traverse un voyage. Découvrez comment guider ce voyage, de la découverte à la fidélisation, à travers le funnel marketing et la cartographie de leur parcours.

4.1.1 Conception et optimisation du parcours client

Le marketing n'est pas simplement une question de faire connaître un produit ou un service; il s'agit d'un processus délicat de guidage du client à travers un voyage d'achat délibéré. Ce voyage est souvent décrit à travers deux concepts clés : le Funnel Marketing et le Customer Journey Mapping. Examinons ces concepts plus en détail et voyons comment ils peuvent être conçus et optimisés.

4.1.1.1 Funnel Marketing

Le Funnel Marketing, ou entonnoir de conversion, représente les étapes par lesquelles un client potentiel passe, depuis la première prise de conscience d'un produit jusqu'à l'achat final et au-delà (Kotler et Keller, 2016).

1. Sensibilisation : La première étape est de faire connaître le produit ou le service. Cela peut être réalisé grâce à la publicité, aux relations publiques, au marketing sur les réseaux sociaux, et plus encore.

Exemple : Une entreprise de logiciels peut lancer une campagne de marketing de contenu, comprenant des blogs et des webinaires, pour éduquer les clients potentiels sur un nouveau logiciel de gestion de projet.

2. Intérêt : Une fois que le client est conscient, il est nécessaire de nourrir son intérêt. Cela peut impliquer du contenu éducatif, des démonstrations de produits, ou des essais gratuits.

Exemple : En offrant une période d'essai gratuit de 14 jours, l'entreprise permet aux clients potentiels d'explorer le logiciel sans engagement financier.

3. Décision : À cette étape, le client est prêt à prendre une décision d'achat. Les offres spéciales, les témoignages et les garanties peuvent aider à convertir l'intérêt en vente (Armstrong et Kotler, 2020).

Exemple : En proposant une réduction de 10 % pour le premier achat et en mettant en avant des études de cas réussies, l'entreprise persuade les clients indécis.

4. Action : La dernière étape implique l'achat réel et l'engagement du client.

Exemple : Un processus de paiement simple et une assistance à la clientèle réactive peuvent transformer une intention d'achat en vente concrète.

4.1.1.2 *Customer Journey Mapping*

Le Customer Journey Mapping va au-delà du Funnel Marketing en créant une représentation visuelle de l'expérience client à travers chaque étape de l'entonnoir (Meyer et Schwager, 2007).

1. Personas : La création de personas clients aide à comprendre les différents segments de marché et à concevoir des parcours clients spécifiques.

Exemple : Pour une plateforme de fitness en ligne, les personas peuvent inclure un "Fan de Fitness" passionné et un "Débutant en Forme" cherchant à démarrer.

2. Points de Contact : Ce sont les interactions spécifiques que les clients ont avec la marque à chaque étape du parcours.

Exemple : Pour une boutique en ligne de vêtements, les points de contact peuvent inclure la recherche de produits sur le site, la lecture des avis, l'ajout d'articles au panier, et le support client post-achat.

3. Pain Points et Opportunités : Identifier où les clients peuvent rencontrer des frustrations ou des obstacles, et où il y a des opportunités pour améliorer l'expérience (Rawson et al., 2013).

Exemple : Si les clients d'une application mobile trouvent le processus d'inscription complexe, cela devient un pain point qui nécessite une optimisation.

4. Optimisation du Parcours : L'analyse du parcours client permet d'identifier les domaines qui nécessitent une amélioration pour offrir une expérience client fluide et satisfaisante.

Exemple : Un site de commerce électronique peut utiliser des analyses de données pour réduire le taux d'abandon de panier en optimisant la page de paiement.

La conception et l'optimisation du parcours client nécessitent une compréhension profonde du Funnel Marketing et du Customer Journey Mapping. En suivant méthodiquement chaque étape et en utilisant des données et des retours d'information spécifiques, les entreprises peuvent créer des expériences client cohérentes et engageantes qui non seulement convertissent les prospects en clients mais renforcent également la fidélité à long terme. Les exemples fournis illustrent comment ces concepts peuvent être mis en pratique dans diverses industries, offrant une feuille de route précieuse pour les entrepreneurs cherchant à développer et à prospérer dans l'économie numérique d'aujourd'hui.

4.1.1.3   Etudes de cas

4.1.1.3.1   Étude de Cas 1 : Amazon - Optimisation du
Parcours Client

4.1.1.3.1.1   Contexte

Amazon, le géant du commerce électronique, est connu
pour son attention obsessionnelle portée à l'expérience
client. L'entreprise utilise à la fois le Funnel Marketing et
le Customer Journey Mapping pour offrir une expérience
d'achat en ligne sans faille.

4.1.1.3.1.2   Application du Funnel Marketing

- Sensibilisation : Amazon utilise une publicité
  ciblée et le référencement (SEO) pour attirer de
  nouveaux clients sur son site (Kotler et Keller,
  2016).
- Intérêt : Une fois sur le site, les clients sont
  accueillis par des recommandations
  personnalisées basées sur leur historique de
  navigation et d'achat.
- Décision : Amazon facilite la décision d'achat
  grâce à des évaluations de produits détaillées et à
  la fonctionnalité "One-Click Ordering".
- Action : L'entreprise propose une livraison rapide
  et fiable, en particulier pour les membres Prime.

4.1.1.3.1.3   Customer Journey Mapping

Amazon crée des personas clients pour comprendre les
besoins et les préférences de différents segments de
marché. Ils analysent également les points de contact, tels
que la recherche de produits, l'ajout au panier, et le

service client, pour identifier et éliminer les pain points (Meyer et Schwager, 2007).

4.1.1.3.1.4 *Résultats*

L'approche d'Amazon en matière de Funnel Marketing et de Customer Journey Mapping a contribué à une expérience client exceptionnelle, se traduisant par une fidélisation et une croissance continues.

4.1.1.3.2 Étude de Cas 2 : Netflix - Conception et Personnalisation de l'Expérience Utilisateur

4.1.1.3.2.1 *Contexte*

Netflix, le géant du streaming, s'est imposé comme un leader dans le domaine de la personnalisation de l'expérience utilisateur. En utilisant des algorithmes avancés et des analyses détaillées, Netflix a créé un parcours client digital qui se distingue par son adaptation aux préférences individuelles des utilisateurs.

4.1.1.3.2.2 *Analyse du Parcours Client Digital*

- Sensibilisation : Netflix utilise des publicités en ligne ciblées et des essais gratuits pour attirer de nouveaux abonnés.
- Intérêt : La plateforme propose un large éventail de contenu, de genres et de langues, ce qui maintient l'intérêt des utilisateurs.
- Exploration : Netflix utilise des algorithmes pour recommander des émissions et des films basés sur les habitudes de visionnage antérieures de l'utilisateur. Cela crée une expérience

personnalisée qui encourage les utilisateurs à explorer davantage de contenu (Gomez-Uribe et Hunt, 2016).

- Engagement : La possibilité de sauvegarder des préférences, de créer plusieurs profils par compte et de reprendre la lecture là où l'utilisateur s'était arrêté contribue à augmenter l'engagement.
- Fidélité : La constante mise à jour du contenu et l'attention portée aux retours des utilisateurs assurent une fidélisation à long terme.

4.1.1.3.2.3   Optimisation de l'Expérience

Netflix a continuellement optimisé son expérience utilisateur en testant différents aspects de son interface. Par exemple, ils ont expérimenté avec différentes vignettes pour les titres afin de voir lesquelles génèrent le plus d'intérêt (Benton et al., 2017). De plus, Netflix utilise l'A/B testing pour évaluer l'efficacité de différents éléments de conception, ce qui leur permet d'adapter continuellement l'interface à leur public cible.

4.1.1.3.2.4   Résultats

L'approche de Netflix en matière de conception et d'optimisation de l'expérience utilisateur a permis à l'entreprise de devenir un leader du secteur. Leur engagement envers la personnalisation et l'adaptation à l'évolution des préférences des utilisateurs a entraîné une augmentation constante du nombre d'abonnés et une très forte fidélité à la marque.

Cette étude de cas sur Netflix illustre l'importance de la conception et de l'optimisation de l'expérience utilisateur dans le domaine numérique. L'approche axée sur l'utilisateur de Netflix, basée sur une compréhension profonde du parcours client, des besoins et des comportements, a démontré comment une stratégie bien exécutée peut créer une expérience utilisateur différenciante et réussie dans un marché numérique compétitif.

4.1.2 Techniques pour améliorer la conversion

La conversion est l'acte de transformer un visiteur en client. Il s'agit d'une étape cruciale dans tout processus marketing digital, et de nombreuses techniques peuvent être employées pour améliorer ce taux de conversion. Ces techniques sont le résultat d'années d'expérimentation, d'analyse et de développement dans le domaine du marketing en ligne.

4.1.2.1 *Optimisation de la Page d'Atterrissage (Landing Page)*

La première impression compte énormément. Une landing page bien conçue et attrayante peut faire toute la différence dans la conversion d'un visiteur en client. Il est essentiel que la page soit conviviale, avec un appel à l'action clair et incitatif (Schwartz, 2012).

Par exemple, une entreprise de vente de chaussures en ligne a mis en place une page d'atterrissage avec des images de haute qualité, un design épuré, et un bouton d'achat facilement accessible. En quelques mois, le taux de conversion a augmenté de 20%.

4.1.2.2   Utilisation du Marketing de Contenu

Le contenu de qualité qui répond aux besoins et aux questions de votre audience cible peut augmenter considérablement la conversion. Offrir du contenu informatif et précieux peut aider à construire une relation de confiance avec les clients potentiels (Pulizzi, 2011).

Pour exemple, un blog de fitness offrant des guides gratuits sur l'alimentation et l'exercice a constaté une augmentation de 30% dans les inscriptions à leur programme payant après avoir régulièrement publié des articles bien recherchés et informatifs.

4.1.2.3   Personnalisation et Segmentation

La segmentation de l'audience et la personnalisation des offres peuvent conduire à des taux de conversion plus élevés. En comprenant les besoins et les intérêts spécifiques de différents segments, vous pouvez offrir des solutions plus ciblées (Smith, 2015).

Exemple: Une boutique en ligne de vêtements a créé des offres personnalisées pour différents groupes d'âge et genres. La conversion a augmenté de 15% grâce à cette approche ciblée.

4.1.2.4   Test A/B

Le Test A/B est une méthode où deux versions d'une page ou d'une publicité sont comparées pour déterminer laquelle est la plus efficace en termes de conversion. C'est un excellent moyen de prendre des décisions basées sur des données réelles plutôt que sur l'intuition (Kohavi et al., 2007).

Pour un site de commerce électronique qui a testé deux versions d'une page de produit, avec des modifications dans la disposition et la couleur du bouton d'achat : la version B a montré une amélioration de 10% dans la conversion, celle cette page qu'il va choisir.

4.1.2.5   Optimisation pour Mobile

Avec l'augmentation de l'utilisation des appareils mobiles, il est impératif d'optimiser les sites et les publicités pour ces plateformes. Une expérience utilisateur fluide sur mobile peut grandement améliorer la conversion (Chaffey, 2016).

Exemple: Une application de livraison de repas a révisé son interface utilisateur pour mobile, la rendant plus intuitive et rapide. Les commandes via mobile ont augmenté de 25% en conséquence.

4.1.2.6   Utilisation des Témoignages et des Avis Clients

Les témoignages et avis clients renforcent la crédibilité de votre offre. Les consommateurs font souvent confiance aux opinions d'autres clients pour prendre des décisions d'achat (Fogg et Tseng, 1999).

Par exemple, une plateforme d'apprentissage en ligne a intégré des témoignages vidéo de ses utilisateurs satisfaits. Cette simple addition a entraîné une augmentation de 18% du taux de conversion pour les inscriptions aux cours.

4.1.2.7 Optimisation du Tunnel de Conversion

Analyser et simplifier chaque étape du parcours de l'utilisateur peut réduire le taux d'abandon et améliorer la conversion. Chaque obstacle éliminé est une barrière de moins pour le client (Nielsen, 2012).

Exemple: Un site e-commerce a réduit le nombre d'étapes nécessaires pour finaliser un achat de six à trois. Cela a réduit le taux d'abandon du panier de 27%.

4.1.2.8 Recours aux Incitatifs

Des offres spéciales, des remises ou des bonus peuvent inciter les visiteurs à passer à l'action. Cependant, elles doivent être utilisées judicieusement pour ne pas dévaloriser la marque (Kotler et Armstrong, 2016).

Exemple: Une librairie en ligne offre une livraison gratuite pour les commandes supérieures à un certain montant. Cela a encouragé les clients à ajouter plus d'articles à leur panier, augmentant ainsi le montant moyen des commandes.

4.1.2.9 Utilisation de Chatbots et de Support en Direct

Fournir une assistance immédiate et en temps réel aux visiteurs peut les aider à résoudre leurs préoccupations et les encourager à finaliser un achat (Van Doorn et al., 2017).

Exemple: Une agence de voyage en ligne a intégré un chatbot pour répondre aux questions fréquentes des clients. Les réservations ont augmenté de 15% en raison de cette interaction immédiate.

4.1.2.10 Assurance de Sécurité et de Confidentialité

Les inquiétudes concernant la sécurité et la confidentialité peuvent empêcher les clients de finaliser un achat. Afficher des badges de sécurité et offrir des garanties peut renforcer la confiance (Lwin, Wirtz, et Williams, 2007).

Par exemple, un site de vente de bijoux a intégré un badge de sécurité SSL à sa page de paiement, assurant aux clients que leurs informations étaient en sécurité. Cela a entraîné une augmentation de 20% du taux de conversion.

En résumé, l'amélioration de la conversion n'est pas une tâche facile et nécessite une compréhension profonde de votre audience, ainsi que l'application de techniques éprouvées. L'utilisation judicieuse de ces techniques peut conduire à une augmentation significative de la conversion, contribuant au succès global de votre entreprise. La clé est de toujours expérimenter, tester et apprendre de vos clients pour continuer à améliorer et à affiner votre stratégie de conversion.

4.2 L'e-commerce, Web-to-store, ROPO et Showrooming

Le commerce a évolué, fusionnant le monde physique et digital. Apprenez les stratégies pour capitaliser sur ces comportements d'achat interconnectés.

4.2.1 Intégration des canaux de vente en ligne et hors ligne

Le paysage commercial contemporain est un mélange complexe d'interactions en ligne et hors ligne. Ce chapitre n'intéressera pas tous les entrepreneurs 100% services digitaux. Pour les entrepreneurs dont le e-business se lie avec une activité hors du numérique, la maîtrise de cette synergie est essentielle afin de maximiser les opportunités de vente et de fidéliser la clientèle. Cette synergie est souvent appelée "omnicanal", mettant l'accent sur une expérience client harmonieuse à travers divers points de contact.

4.2.1.1 E-commerce: Au-delà du Magasin Physique

L'avènement de l'e-commerce a révolutionné le monde de la vente au détail. Avec le confort de magasiner de chez soi et la capacité de comparer facilement les produits, les clients ont embrassé cette méthode (Laudon & Traver, 2013).

Prenons l'exemple de la marque "Maison du Lin". Initialement une petite boutique spécialisée dans le linge de maison, elle a élargi son marché en lançant une plateforme en ligne. En quelques mois, elle a constaté une augmentation de 40% de ses ventes grâce à une clientèle nationale et internationale qu'elle n'aurait jamais pu atteindre avec un seul magasin physique.

4.2.1.2 *Web-to-Store: Le Rappel du Physique*
Le concept de Web-to-Store incite les consommateurs à visiter un magasin physique après avoir effectué des recherches en ligne (Gulati & Garino, 2000). Il s'agit d'une stratégie puissante pour capitaliser sur l'expérience tactile et personnelle offerte par les magasins physiques.

Par exemple, une entreprise de chaussures utilise des publicités en ligne pour présenter ses nouveaux modèles. Elle offre une réduction pour tout achat effectué en magasin. Les clients, après avoir vu la publicité en ligne, se rendent en magasin pour essayer les chaussures avant d'acheter, garantissant ainsi un ajustement parfait.

4.2.1.3 *ROPO (Research Online, Purchase Offline)*
Ce phénomène est semblable au Web-to-Store, mais plus organique. Les consommateurs recherchent et comparent des produits en ligne, mais choisissent d'acheter en magasin pour diverses raisons : coût d'expédition, besoin immédiat, ou simplement pour voir le produit de visu (Verhoef et al., 2007).

Prenons l'exemple d'un consommateur qui envisage d'acheter une nouvelle télévision : après avoir consulté plusieurs avis et comparaisons en ligne, il se rend dans un magasin d'électronique local pour voir les modèles en personne, évaluer la qualité de l'image et finalement effectuer son achat.

4.2.1.4 *Showrooming*

C'est l'inverse du ROPO. Les clients visitent les magasins pour voir un produit, mais effectuent leur achat en ligne, généralement pour bénéficier de prix plus bas (Tuttle, 2012).

Par exemple, une consommatrice visite une librairie locale et trouve un livre qu'elle aime. Cependant, elle scanne le code-barres avec son smartphone et découvre qu'elle peut l'acheter à un prix inférieur sur un site e-commerce. Elle commande le livre en ligne tout en étant encore dans la librairie.

L'intégration efficace des canaux de vente en ligne et hors-ligne nécessite une compréhension approfondie du comportement des consommateurs dans le monde numérique actuel. Les entrepreneurs doivent s'assurer que leurs stratégies marketing sont fluides, interconnectées et centrées sur le client pour maximiser leurs opportunités de vente et leur portée sur le marché.

4.2.2 Études de cas et meilleures pratiques

Voici quelques cas d'entreprises qui ont su intégrer efficacement les canaux de vente en ligne et hors-ligne et les bonnes pratiques qui en découlent.

4.2.2.1 Cas d'usage : ZARA

ZARA, une entreprise de mode mondiale, a su maîtriser l'intégration entre ses magasins physiques et sa plateforme e-commerce. En magasin, si un client souhaite un article qui est en rupture de stock, les employés de ZARA peuvent immédiatement vérifier la disponibilité de cet article sur leur site en ligne et proposer une livraison directe au domicile du client. Cette intégration a aidé ZARA à ne pas perdre de ventes malgré les ruptures de stock en magasin.

Bonnes pratiques :

- Intégration des systèmes : Avoir un système de point de vente intégré à la plateforme e-commerce permettant de vérifier les stocks en temps réel.
- Formation du personnel : Les employés doivent être formés pour naviguer sur le site web et connaître les procédures pour passer des commandes pour les clients.

4.2.2.2 Cas d'usage : Sephora

Sephora propose souvent des tutoriels vidéo en ligne pour présenter de nouveaux produits. Toutefois, pour l'application de produits spécifiques, ils encouragent les clients à se rendre en magasin afin d'obtenir des échantillons gratuits et des démonstrations. De plus, ils proposent des offres exclusives disponibles uniquement en magasin après une interaction en ligne, incitant ainsi les clients à visiter leurs magasins physiques.

Bonnes pratiques :

- Contenu exclusif pour le web : Créez du contenu en ligne engageant pour attirer l'attention (comme des tutoriels ou des webinaires).
- Incitations pour les visites en magasin : Offrez des échantillons gratuits, des remises ou des cadeaux exclusifs pour les achats effectués en magasin après une interaction en ligne.

4.2.2.3   Cas d'usage : Best Buy

Confronté au défi du showrooming, Best Buy a adopté une stratégie de "price-matching". Ils garantissent que si un client trouve un produit moins cher sur un site concurrent, Best Buy égalera ce prix. Cela a encouragé les clients à acheter en magasin même après avoir recherché en ligne, assurant ainsi à Best Buy de ne pas perdre face aux géants du e-commerce.

Bonnes pratiques :

- Transparence des prix : Assurez-vous que vos prix sont compétitifs avec ceux en ligne. Si possible, adoptez une politique de "price-matching".
- Formations approfondies pour les employés : Le personnel en magasin doit être capable de répondre aux questions complexes des clients qui ont déjà effectué des recherches en ligne.

4.2.2.4   Cas d'usage : Nordstrom

Nordstrom a transformé le défi du showrooming en opportunité. Ils ont installé des kiosques et des tablettes dans leurs magasins où les clients peuvent parcourir leur catalogue en ligne. Si un client est intéressé par un produit qui n'est pas en stock en magasin, il peut le commander sur place pour une livraison à domicile, parfois avec des offres de livraison gratuite ou rapide.

Bonnes pratiques :

- Intégration technologique en magasin : Fournissez des tablettes ou des kiosques où les clients peuvent parcourir l'inventaire en ligne.
- Promotions exclusives : Offrez des remises ou des avantages spéciaux pour les commandes passées en magasin mais remplies via le canal en ligne.

Chaque entreprise a ses propres défis et opportunités, mais ces cas d'utilisation montrent que l'intégration réussie des canaux en ligne et hors ligne est non seulement possible, mais peut également offrir des avantages concurrentiels majeurs.

4.3 L'Inbound Marketing et Content Marketing

Attirez les clients à vous plutôt que de les poursuivre. Ce chapitre dévoile comment le contenu peut être votre aimant le plus puissant, transformant les visiteurs en ambassadeurs de marque.

4.3.1 Attraction et conversion des clients

En plongeant dans le monde du marketing digital, une stratégie demeure particulièrement efficace pour les entrepreneurs souhaitant attirer et convertir une audience : l'inbound marketing et son bras droit, le content marketing. Ces deux approches, bien que distinctes, travaillent de concert pour transformer des visiteurs anonymes en clients fidèles.

4.3.1.1 L'inbound marketing

L'inbound marketing, dans son essence, est une méthodologie centrée sur la création de contenu pertinent et de qualité pour attirer des visiteurs vers votre entreprise, généralement via votre site web ou blog, plutôt que de diffuser des messages publicitaires intrusifs (Halligan & Shah, 2009). C'est une façon d'attirer des clients potentiels vers vous, plutôt que de chercher à interrompre leur journée avec des publicités. Par exemple, une entreprise qui vend des équipements de jardinage pourrait écrire un blog sur "Comment choisir le meilleur outil pour votre type de jardin ?", offrant des conseils pratiques tout en mettant en avant ses produits.

Autrement dit, l'inbound marketing est une approche centrée sur l'attraction des consommateurs grâce à du contenu qui répond directement à leurs besoins et à leurs intérêts (Halligan & Shah, 2009). C'est une stratégie qui capitalise sur le désir du consommateur d'apprendre et de se renseigner. Par exemple, une start-up spécialisée dans les technologies vertes pourrait produire un webinaire détaillé sur les avantages de l'énergie solaire à domicile, attirant ainsi des propriétaires soucieux de l'environnement.

4.3.1.2   *Le content marketing*

Le content marketing, quant à lui, est une tactique employée dans l'inbound marketing. Il s'agit de la création et de la distribution de contenu de valeur, pertinent et cohérent pour attirer et engager une audience clairement définie, avec l'objectif ultime de les conduire à l'action (Pulizzi, 2012). Reprenant l'exemple précédent, notre entreprise de jardinage pourrait créer une série de vidéos tutoriels montrant comment utiliser ses outils, ou encore offrir un eBook gratuit sur les "10 erreurs courantes en jardinage et comment les éviter", en échange de l'adresse e-mail du visiteur.

Le content marketing va au-delà de la simple création de contenu. Il se concentre sur la livraison de ce contenu de manière stratégique et ciblée, visant à engager une audience spécifique et à inciter à l'action (Pulizzi, 2012). Une entreprise de chaussures écoresponsables pourrait, par exemple, lancer un blog qui traite non seulement de ses produits, mais également des pratiques durables dans l'industrie de la mode, renforçant ainsi sa position en tant qu'acteur engagé dans le secteur.

4.3.1.3   *La conversion*

Comment transformer cette attraction en véritable conversion ? La clé réside dans l'entonnoir de conversion. Une fois que vous avez attiré des visiteurs sur votre site grâce à votre contenu de qualité, il est essentiel de les guider vers la prochaine étape, que ce soit s'inscrire à une newsletter, télécharger un guide ou faire un achat. L'usage de call-to-action (CTA) bien placés, comme des boutons ou des liens incitatifs, est essentiel (Patel & Gaimon, 2015). Par exemple, à la fin d'un article de blog, vous pourriez insérer un CTA comme "Vous voulez en savoir plus ? Téléchargez notre guide complet ici !".

La clé du succès des stratégies d'inbound marketing et de content marketing réside dans une compréhension profonde de la personne acheteuse ou "buyer persona". Il s'agit d'une représentation semi-fictionnelle de votre client idéal basée sur des études de marché et des données réelles sur vos clients existants (Revella, 2015). Supposons que vous dirigiez une entreprise de logiciels de comptabilité. Vous découvrez que votre "persona" est un propriétaire de petite entreprise, âgé de 30 à 45 ans, qui n'a pas de formation formelle en comptabilité. Votre contenu pourrait alors être axé sur des guides simplifiés et des tutoriels vidéo pour aider cette cible précise.

Une fois que vous avez attiré des prospects grâce à du contenu pertinent, le défi suivant est de nourrir ces leads jusqu'à la conversion. Cela nécessite souvent une suite de contenus et d'interactions, comme des e-mails ciblés, des offres spéciales ou des webinaires exclusifs (Patterson, 2017). Si nous reprenons notre exemple de logiciel de comptabilité, une fois que votre "persona" a téléchargé un guide, vous pourriez lui envoyer une série d'e-mails offrant des astuces complémentaires, le tout couronné par une offre spéciale pour une démonstration gratuite de votre logiciel.

Néanmoins, il est impératif de ne pas négliger le suivi. Utilisez des outils d'analyse pour comprendre quel contenu fonctionne le mieux pour votre audience. Peut-être découvrirez-vous que les tutoriels vidéo sont plus efficaces que les articles écrits, ou vice-versa. Ce genre d'insights vous permet d'affiner votre stratégie au fil du temps, en vous assurant que chaque contenu créé soit optimisé pour l'attraction et la conversion.

Le marketing digital n'est pas une science exacte, mais l'attraction et la conversion de clients via l'inbound et le content marketing sont des méthodes éprouvées. Elles exigent une compréhension approfondie de votre audience, une stratégie de contenu solide et un engagement continu pour l'ajustement et l'amélioration.

Dans le paysage actuel du marketing digital, l'inbound et le content marketing se posent comme des piliers incontournables pour tout entrepreneur souhaitant développer son activité. En fournissant de la valeur à votre audience cible par le biais de contenus pertinents et engageants, non seulement vous attirez des visiteurs, mais vous créez également des opportunités pour les convertir en clients fidèles. Comme dans tout voyage, chaque étape compte, de la première interaction à la conversion finale.

4.3.2 Outils et techniques

L'adoption des concepts d'inbound et de content marketing requiert une panoplie d'outils et de techniques pour optimiser les résultats. Le succès dans ces domaines n'est pas seulement basé sur la compréhension de la théorie, mais aussi sur la mise en œuvre pratique avec des ressources appropriées.

4.3.2.1 *La gestion des leads*

Pour commencer, l'une des composantes les plus essentielles de l'inbound marketing est la gestion des leads. Des outils comme HubSpot ou Marketo offrent une gamme complète de solutions pour attirer, convertir et suivre les prospects (Fisher, 2016). Ces plateformes centralisent les informations des visiteurs, automatisent les séquences d'emails et permettent une analyse approfondie des campagnes.

DeltaTech, une entreprise de solutions technologiques, face à une concurrence accrue, a décidé d'adopter HubSpot pour centraliser sa gestion de leads. En six mois, l'entreprise a automatisé ses séquences d'emails, segmenté sa clientèle en fonction de leur parcours d'achat, et augmenté sa conversion de leads en clients de 25%.

4.3.2.2   SEO (Search Engine Optimization)

Optimiser le contenu pour les moteurs de recherche est essentiel pour maximiser la visibilité. Des outils comme SEMrush ou Ahrefs peuvent aider à identifier des mots-clés pertinents, surveiller la position de votre site et analyser la concurrence (Blanchard, 2018). Par exemple, une boutique de vêtements éthiques pourrait utiliser ces outils pour découvrir que "mode durable" est un terme de recherche populaire, et ainsi orienter son contenu en conséquence.

BioBeauty, une boutique de cosmétiques biologiques, a utilisé SEMrush pour mieux comprendre son positionnement SEO. Après avoir identifié des mots-clés sous-exploités comme "soins naturels anti-âge", l'entreprise a réorienté son contenu. Résultat : une augmentation de 40% du trafic organique en quatre mois et une meilleure visibilité face à ses concurrents.

4.3.2.3   La création de contenu

La création de contenu est bien sûr au cœur du content marketing. Des plateformes comme WordPress pour les blogs, Canva pour les graphiques, ou encore Camtasia pour la vidéo, sont essentielles pour produire des contenus attrayants (Kaplan, 2019). Une entreprise de fitness pourrait, par exemple, utiliser Canva pour concevoir des infographies sur des exercices spécifiques, et Camtasia pour réaliser des vidéos tutoriels.

FitLife, une plateforme de coaching sportif, choisi Canva pour concevoir des infographies engageantes sur les bienfaits de différents exercices. Ces infographies, largement partagées sur les réseaux sociaux, ont non seulement renforcé l'engagement de la communauté, mais ont aussi positionné FitLife comme une référence en matière de fitness.

4.3.2.4 *La distribution du contenu*

La distribution du contenu est tout aussi cruciale. Les outils de gestion des médias sociaux comme Buffer ou Hootsuite permettent de planifier, de publier et de surveiller le contenu sur différentes plateformes. Si vous lancez une campagne sur les bienfaits du yoga, par exemple, ces outils vous aideront à diffuser vos articles ou vidéos de manière cohérente sur Facebook, Instagram ou Twitter, tout en analysant les réactions et les engagements.

GreenTable, une startup de livraison de repas végétariens, a adopté Buffer pour orchestrer sa présence sur les réseaux sociaux. En planifiant et en analysant le meilleur moment pour publier, GreenTable a doublé son engagement sur Instagram et accru ses commandes via les médias sociaux de 20% en trois mois.

4.3.2.5 *La mesure des performances*

Enfin, n'oublions pas la mesure des performances. Google Analytics est un outil incontournable pour analyser le trafic, tandis que des solutions comme Hotjar peuvent vous donner des insights sur le comportement des utilisateurs sur votre site (Smith, 2020).

TravelWorld, une agence de voyages en ligne, s'est tournée vers Google Analytics pour comprendre les comportements des visiteurs sur son site. Grâce aux données recueillies, l'agence a identifié que la majorité des utilisateurs quittaient le site à l'étape des options supplémentaires. En simplifiant ce processus, TravelWorld a augmenté ses réservations en ligne de 15% en un trimestre.

Ces études de cas illustrent l'importance de choisir les bons outils et de les utiliser stratégiquement. Avec la bonne méthodologie, les entreprises peuvent améliorer significativement leurs performances en inbound et content marketing. L'inbound et le content marketing ne sont pas uniquement une question de stratégie, mais aussi d'outillage. La maîtrise des outils appropriés, associée à une mise en œuvre réfléchie, peut grandement amplifier le succès de vos initiatives marketing.

4.4 Les Marketplaces et le Social Selling

Naviguez dans l'univers des plateformes de vente tierces et exploitez la puissance des médias sociaux pour vendre directement à votre audience.

4.4.1 Vente via plateformes tierces et médias sociaux

Dans le panorama actuel du marketing digital, la capacité d'une entreprise à s'étendre au-delà de ses frontières conventionnelles peut définir son succès. En élargissant votre portée via des plateformes tierces et des médias sociaux, vous pouvez toucher un public plus large et diversifié.

4.4.1.1 Les marketplaces

Les marketplaces sont devenues un incontournable pour de nombreux détaillants en ligne. Des géants comme Amazon et eBay aux plateformes spécialisées comme Etsy ou Redbubble, ces espaces offrent un potentiel énorme pour la découverte de produits par les consommateurs. La beauté de ces plateformes est qu'elles offrent une visibilité instantanée à une audience massive. Cependant, la concurrence y est féroce. Les entreprises doivent non seulement avoir un produit de qualité, mais aussi se distinguer par un branding fort et une optimisation méticuleuse de leurs listings (Turner, 2018).

Imaginons "Handmade Creations", un petit fabricant de bijoux artisanaux. En s'inscrivant sur Etsy, ils ont pu atteindre une clientèle internationale passionnée par l'artisanat. En optimisant leurs descriptions de produits avec des mots-clés pertinents et en utilisant des photos de haute qualité, ils ont multiplié leurs ventes par dix en l'espace d'un an.

4.4.1.2 Le social selling

Parallèlement aux marketplaces, le social selling a pris de l'ampleur. Les médias sociaux sont devenus plus que de simples plateformes de partage et de communication ; ils sont maintenant des outils puissants pour la vente directe. Instagram, avec ses "Shoppable Posts", et Facebook, avec sa "Boutique", ont facilité la transition d'un utilisateur de la découverte d'un produit à son achat (Martinez, 2019).

Imaginez ici, "FitWear", une marque de vêtements de sport, a utilisé Instagram pour présenter ses produits en action, mettant en vedette de vrais clients et des ambassadeurs de la marque. En taguant ces produits dans leurs posts, ils ont permis aux utilisateurs d'acheter directement depuis leur flux Instagram. Cela a non seulement renforcé l'engagement de leur communauté, mais a aussi augmenté considérablement leur ROI sur la plateforme.

Cependant, naviguer dans le monde des marketplaces et du social selling présente des défis. La dépendance à une plateforme tierce peut présenter des risques si les règles ou les algorithmes changent. De plus, la fidélisation de la clientèle peut être plus difficile à réaliser lorsqu'une grande partie des interactions se déroule hors de votre propre site ou plateforme (Gupta, 2020).

Alors que les opportunités offertes par les marketplaces et le social selling sont vastes, une stratégie bien pensée et adaptée est cruciale. Il ne s'agit pas seulement de présence, mais de présence optimisée. En comprenant votre audience, en adaptant votre contenu et en restant agile face aux évolutions du marché, vous pouvez tirer le meilleur parti de ces plateformes tierces.

4.4.2 Stratégies pour réussir

S'attaquer au marché des plateformes tierces et des médias sociaux nécessite une compréhension approfondie de chaque canal ainsi qu'une stratégie adaptée. Voici quelques stratégies essentielles, illustrées par des études de cas d'entreprises réelles:

4.4.2.1 *Personnalisation et Analyse des Données*

Avec la quantité massive de données disponibles, la personnalisation est plus accessible que jamais. En analysant les comportements des utilisateurs, vous pouvez offrir des expériences sur mesure, améliorant ainsi la conversion.

Concrètement, l'application Nike a réussi à créer des expériences personnalisées pour ses utilisateurs en suggérant des produits basés sur leurs préférences et historiques d'achat. Cela a augmenté non seulement la fidélisation des clients, mais aussi le taux de conversion.

Nike a vu une augmentation de 40% des ventes via l'application en 2019, par rapport à l'année précédente (Forbes, 2019).

4.4.2.2 Construire une Communauté Engagée

Plutôt que de considérer les clients comme de simples consommateurs, envisagez-les comme des membres d'une communauté. En engageant activement cette communauté, vous construisez la fidélité et la confiance.

Parlons de Glossier. Née d'un simple blog beauté, Glossier a rapidement cultivé une communauté forte sur Instagram. La marque a souvent co-créé des produits avec des retours de sa communauté, rendant ses followers encore plus investis. Cette stratégie a été cruciale pour son expansion rapide, Glossier ayant une estimation de 1,2 milliard de dollars en 2019 (Business Insider, 2019).

4.4.2.3 Optimisation Continue

Le monde du e-commerce évolue rapidement. Il est essentiel de rester agile, de tester différentes approches et d'optimiser en fonction des résultats.

Par exemple, ASOS a constamment expérimenté et optimisé son expérience utilisateur. Ça a été le cas en introduisant une fonction de recherche visuelle sur son application mobile, ASOS a permis aux utilisateurs de prendre des photos de vêtements et de trouver des produits similaires sur la plateforme. Cela a entraîné une augmentation du temps passé sur l'application et a renforcé la fidélité des clients (Econsultancy, 2018).

4.4.2.4   *Intégrité de la Marque*

Les consommateurs d'aujourd'hui sont bien informés et valorisent la transparence. Assurez-vous que vos valeurs et éthiques sont claires et cohérentes sur toutes les plateformes.

Bien connue pour son engagement envers l'environnement et la durabilité, Patagonia a maintenu une communication transparente sur ses valeurs, même sur les plateformes tierces. Lors du Black Friday 2016, Patagonia a promis de donner 100% de ses ventes à des organisations environnementales, ce qui a non seulement renforcé son image de marque mais a aussi généré un record de ventes (CNN, 2016).

La vente via plateformes tierces et médias sociaux est une opportunité immense, mais elle nécessite une stratégie réfléchie. En restant centré sur le client, en valorisant l'intégrité de la marque et en étant prêt à s'adapter, les entreprises peuvent naviguer avec succès dans cet espace complexe.

5 CROISSANCE ET INNOVATION

Dans un monde digital en constante évolution, la stase équivaut au déclin. Cette section dévoile comment innover, expérimenter et croître à une vitesse fulgurante.

5.1 LE GROWTH HACKING ET LE MARKETING VIRAL

Découvrez les techniques audacieuses utilisées par les startups pour obtenir une croissance explosive en peu de temps et comment vous pouvez les adopter.

5.1.1 Techniques pour une croissance rapide

La transformation du monde digital a engendré une série de méthodes innovantes qui permettent à des entreprises, des startups en particulier, de connaître une croissance fulgurante en un laps de temps réduit. Parmi ces techniques, deux se distinguent par leur efficacité remarquable : le Growth Hacking et le Marketing Viral.

5.1.1.1 *Growth Hacking*

En plongeant dans le vaste océan du marketing digital, une approche ressort incontestablement comme l'une des plus novatrices et efficaces de ces dernières années : le Growth Hacking. Cette méthodologie, qui fusionne technologie, créativité et analyse, a bouleversé la manière dont les entreprises perçoivent et exploitent la croissance.

5.1.1.1.1 Définition et Origines du Growth Hacking

Le terme "Growth Hacking" a été popularisé par Sean Ellis en 2010, qui cherchait à définir un type de professionnels qui ne se contentent pas des techniques traditionnelles de marketing pour stimuler la croissance, mais qui cherchent activement des "hacks" ou des raccourcis pour parvenir rapidement à des résultats impressionnants (Ellis, 2010). Au cœur de cette philosophie se trouve la nécessité d'adopter une mentalité d'expérimentation, de rapidité et d'adaptabilité.

5.1.1.1.2 Les Mécanismes Fondamentaux

L'objectif ultime du Growth Hacking est simple: trouver le moyen le plus efficace et le plus efficient d'augmenter la croissance. Cela peut impliquer d'attirer des utilisateurs, de les convertir en clients, d'accroître leur valeur à vie ou de les inciter à faire des références. Mais comment ? Cela se fait généralement en suivant un processus en boucle composé de quatre étapes principales : Construire, Mesurer, Apprendre et Itérer. Chaque étape nécessite une attention méticuleuse aux détails et une volonté de s'adapter rapidement (Ries, 2011).

5.1.1.1.3 Points d'Attention

Le Growth Hacking n'est pas une formule magique. Il nécessite une profonde compréhension du produit, de la clientèle cible et du marché. De plus, alors que certaines techniques peuvent générer une croissance explosive à court terme, il est essentiel de se demander si elles sont durables et si elles apportent réellement de la valeur à l'entreprise à long terme.

Le Growth Hacking est plus qu'une simple tendance ; c'est une révolution dans la manière dont nous approchons la croissance. Pour les entrepreneurs modernes, comprendre et maîtriser cette approche peut être la clé du succès dans un monde digital en constante évolution.

5.1.1.2 Le marketing viral

Le monde du marketing digital est parsemé de tendances éphémères, mais quelques-unes persistent et prospèrent grâce à leur capacité innée à générer des résultats. L'une de ces approches est le marketing viral, une stratégie qui vise à exploiter les réseaux et les comportements des utilisateurs pour propager un message ou un produit à grande échelle en un temps record.

5.1.1.2.1 Comprendre

Au cœur du marketing viral se trouve le désir de créer du contenu ou des campagnes qui "collent" - c'est-à-dire qu'elles sont naturellement partagées et amplifiées par le public auquel elles sont destinées (Heath & Heath, 2007). Le contenu viral est souvent émotionnel, original, et possède un facteur de surprise qui incite les gens à le partager.

5.1.1.2.2 Les Coefficients de Viralité

L'une des mesures clés du marketing viral est le coefficient de viralité, qui est essentiellement le nombre de nouvelles personnes qu'un utilisateur existant introduit à un produit ou service. Si ce coefficient est supérieur à 1, il suggère que la croissance sera exponentielle, car chaque nouvel utilisateur apporte plus d'un nouvel utilisateur (Perreau, 2015). C'est la raison pour laquelle certaines campagnes peuvent connaître un succès fulgurant.

5.1.1.2.3 Cas d'Étude: La Campagne "Dumb Ways to Die"

Considérez l'initiative australienne "Dumb Ways to Die" lancée par Metro Trains à Melbourne. Cette campagne de sensibilisation à la sécurité ferroviaire, qui a utilisé une mélodie accrocheuse et des animations amusantes pour présenter diverses manières "idiotes" de mourir, est rapidement devenue virale. Non seulement elle a généré des millions de vues sur YouTube en un temps record, mais elle a également entraîné une réduction de 30% des incidents liés à la sécurité ferroviaire à Melbourne (Metro Trains, 2013).

5.1.1.2.4 Défis et Préoccupations

Il est important de noter que, bien que puissant, le marketing viral n'est pas une science exacte. Il est difficile de prédire ce qui "collera" et ce qui ne le fera pas. De plus, il y a un danger inhérent à s'appuyer trop fortement sur le marketing viral, car une mauvaise exécution ou un mauvais timing peut avoir l'effet inverse et nuire à la marque.

Le marketing viral, lorsqu'il est exécuté avec soin et stratégie, peut être un outil incroyablement efficace pour les entreprises cherchant à augmenter leur notoriété et leur portée de manière significative. Cependant, comme pour toutes les stratégies, il est essentiel d'approcher le marketing viral avec une compréhension approfondie de son public cible et de ses nuances pour maximiser son potentiel.

5.1.2   Exemples et études de cas

Le monde du marketing digital est caractérisé par des évolutions rapides, poussant les entreprises à innover constamment pour rester pertinentes. Au cœur de cette innovation se trouvent deux approches notables : le growth hacking et le marketing viral. À travers l'étude de cas de growth hacking et d'un cas de marketing viral, nous explorerons les nuances, les réussites et les enseignements de ces techniques.

5.1.2.1   *Cas de Growth Hacking: Dropbox*

Lorsque l'on évoque le growth hacking, Dropbox est souvent cité comme un exemple emblématique. L'offre de base de Dropbox, qui permettait le stockage et le partage de fichiers en ligne, était simple, mais elle se heurtait à une concurrence intense. Pour se démarquer, Dropbox a mis en place un système de parrainage : pour chaque ami qu'un utilisateur invite et qui s'inscrit, les deux utilisateurs reçoivent un espace de stockage supplémentaire gratuit. Cette initiative a permis à Dropbox de connaître une croissance exponentielle, avec un bond de 60% des inscriptions quotidiennes. En quelques mois, le nombre d'utilisateurs est passé de 100 000 à 4 millions (Houston, 2010).

5.1.2.2 Cas de Growth Hacking: Hotmail

En plein essor du courrier électronique dans les années 1990, Hotmail s'est présenté comme un précurseur des services de messagerie gratuits basés sur le Web. Toutefois, avec un budget marketing restreint et la nécessité d'acquérir rapidement des utilisateurs face à des géants comme AOL et Yahoo!, Hotmail devait trouver un moyen intelligent de se développer.

La solution? Une simple ligne de texte qui allait devenir légendaire dans le monde du marketing. À la fin de chaque email envoyé par un utilisateur de Hotmail, la société ajoutait automatiquement la phrase : "PS: Je vous aime. Obtenez votre propre compte email gratuit sur Hotmail". C'était un moyen subtil mais efficace d'encourager les destinataires des emails à s'inscrire également.

Cette approche a eu un effet boule de neige. En l'espace de 6 mois, Hotmail est passé de zéro à un million d'utilisateurs, et en 18 mois, ce chiffre est passé à 12 millions (Burcher, 1999). En décembre 1997, moins de deux ans après son lancement, Hotmail a été racheté par Microsoft pour 400 millions de dollars, validant ainsi l'efficacité de sa stratégie de growth hacking.

5.1.2.3 Cas de Growth Hacking: Airbnb

L'histoire de la croissance d'Airbnb est légendaire dans les cercles de growth hacking. Lors de ses débuts, la plateforme a utilisé une technique astucieuse pour augmenter sa visibilité : elle a permis aux utilisateurs de dupliquer leurs annonces sur Craigslist, un site d'annonces très populaire à l'époque. Bien que Craigslist n'ait pas de fonction d'API publique pour le faire, Airbnb a trouvé un moyen de contourner cette limitation. Cette approche a permis à Airbnb de s'exposer à des millions d'utilisateurs de Craigslist, propulsant ainsi sa croissance au début (Chesky, 2011).

5.1.2.4 *Cas de Marketing Viral: L'Ice Bucket Challenge pour la SLA*

L'un des exemples les plus frappants de marketing viral est l'Ice Bucket Challenge, une campagne de sensibilisation à la sclérose latérale amyotrophique (SLA). Le défi consistait à se verser un seau d'eau glacée sur la tête, à enregistrer la réaction, à la publier sur les médias sociaux, puis à défier d'autres personnes à faire de même ou à faire un don pour la recherche sur la SLA. En quelques semaines, des célébrités, des sportifs et des citoyens ordinaires du monde entier participaient. L'Association SLA a annoncé avoir reçu 115 millions de dollars de dons en seulement quelques mois, une somme sans précédent pour l'organisation (Association SLA, 2014).

Les cas de Dropbox, Hotmail, Airbnb et de l'Ice Bucket Challenge montrent que, bien que le growth hacking et le marketing viral aient des objectifs légèrement différents, ils reposent tous deux sur l'ingéniosité, la créativité et une compréhension approfondie des comportements des utilisateurs. Les entreprises qui peuvent maîtriser ces

techniques sont bien placées pour connaître une
croissance explosive.

5.2 Le Marketing Technologique et le Marketing Data-Driven

À l'ère numérique actuelle, les entreprises ont plus que jamais besoin de comprendre et d'adopter les outils technologiques pour se démarquer dans un marché saturé. La fusion du marketing et de la technologie, souvent appelée "marketing technologique", ou "martech", ainsi que l'importance croissante de la prise de décision basée sur les données, ont redéfini la manière dont les marques interagissent avec leurs clients.

5.2.1 Utilisation des outils technologiques

Avec l'évolution rapide du paysage numérique au cours des deux dernières décennies, le marketing ne pouvait rester en marge. Le Marketing Technologique, couramment appelé "Martech", est né de la nécessité d'intégrer la technologie dans les stratégies marketing pour mieux répondre aux attentes des consommateurs modernes, toujours plus connectés. Il s'agit de l'intersection dynamique entre le marketing et la technologie, là où chaque initiative marketing, chaque campagne et chaque action peut être mesurée, analysée et optimisée grâce à des outils technologiques.

5.2.1.1 La Prolifération des Plateformes et Outils Martech

L'univers des outils martech est vaste et en constante évolution. Brinker (2020) a recensé près de 8 000 solutions martech différentes, allant des plateformes d'automatisation du marketing aux outils d'analyse des données.

Prenons Salesforce, un des leaders en matière de gestion de la relation client (CRM). Au-delà de son rôle principal de CRM, Salesforce offre une suite d'outils marketing permettant aux entreprises de personnaliser leurs interactions avec chaque prospect ou client, d'automatiser leurs campagnes, de gérer leurs leads, et même d'intégrer l'intelligence artificielle pour des prévisions de vente plus précises (Salesforce, 2019).

5.2.1.2 *La Personnalisation Grâce à la Martech*

L'une des grandes promesses du marketing technologique est la capacité de personnaliser les interactions avec le consommateur. En utilisant des outils de segmentation avancée et d'analyse comportementale, les entreprises peuvent créer des expériences sur mesure pour leurs clients.

Amazon est un maître de la personnalisation. L'entreprise utilise des algorithmes complexes pour analyser les comportements d'achat, les recherches et les préférences des utilisateurs pour recommander des produits pertinents. Cette approche, alimentée par une technologie martech sophistiquée, a entraîné une augmentation significative des ventes croisées et de la fidélisation client (McAfee & Brynjolfsson, 2012).

5.2.1.3 Intégration et Interopérabilité

Alors que de plus en plus d'outils martech voient le jour, l'interopérabilité et l'intégration deviennent essentielles. Les entreprises cherchent à construire un écosystème technologique où chaque outil communique harmonieusement avec les autres, créant une source unique de vérité et optimisant les efforts marketing.

Zapier est un outil qui illustre parfaitement cette tendance. Il permet d'intégrer plus de 2 000 applications web différentes, automatisant les flux de travail entre elles. Par exemple, un marketeur peut configurer un "Zap" pour que chaque nouveau lead capturé via un formulaire Google Forms soit automatiquement ajouté à sa plateforme d'automatisation marketing Mailchimp (Zapier, 2018).

Le marketing technologique est bien plus qu'un simple ensemble d'outils; c'est une philosophie qui reconnaît la puissance de la technologie dans l'amplification et la personnalisation des efforts marketing. Dans un monde numérique en constante évolution, les marketeurs doivent embrasser la martech pour rester pertinents et compétitifs.

5.2.2 Prise de décision basée sur les données

Aujourd'hui, le numérique offre aux marketeurs un flux presque ininterrompu de données sur leurs clients, prospects et concurrents. Les meilleures entreprises l'ont compris : s'appuyer sur des données solides pour prendre des décisions est essentiel dans le paysage marketing actuel. C'est là qu'intervient le marketing data-driven, une approche qui met les données au cœur de chaque décision, grande ou petite.

5.2.2.1 Comprendre le Marketing Data-Driven

Le marketing basé sur les données, ou marketing data-driven, fait référence à la méthode qui consiste à utiliser des informations recueillies grâce à des outils d'analyse pour guider la stratégie marketing d'une entreprise. En d'autres termes, il s'agit de s'appuyer sur des preuves concrètes plutôt que sur l'intuition (Davenport, 2006).

Netflix est un exemple emblématique de l'utilisation du data-driven marketing. En analysant des milliards d'heures de visionnage, la société peut recommander avec précision des émissions ou films à ses utilisateurs, mais aussi orienter ses décisions en matière de production de contenus originaux. Par exemple, la série "House of Cards" a été commandée sur la base d'une analyse approfondie des préférences des utilisateurs (Gomez-Uribe & Hunt, 2016).

5.2.2.2 La Collecte et l'Analyse des Données

La première étape du marketing basé sur les données est la collecte d'informations pertinentes. Les entreprises utilisent des outils tels que Google Analytics pour suivre le comportement des visiteurs sur leurs sites web, ou des CRM pour suivre l'interaction des clients avec leurs produits et services (Kotler & Keller, 2016).

AirBnB utilise les données pour optimiser les prix des locations. En analysant des facteurs tels que l'emplacement, la période de l'année, les avis et d'autres variables, ils peuvent suggérer aux hôtes un prix optimal qui maximise à la fois les réservations et les revenus. Cette approche data-driven a aidé de nombreux hôtes à optimiser leurs revenus tout en offrant des tarifs compétitifs aux clients (Chen & Sheldon, 2016).

5.2.2.3   De la Donnée à la Décision

Une fois les données recueillies et analysées, il est temps de les transformer en actions concrètes. Qu'il s'agisse de lancer une nouvelle campagne marketing, de réorganiser un site web ou de revoir la tarification d'un produit, les décisions doivent être basées sur des informations solides et tangibles (Provost & Fawcett, 2013).

Coca-Cola a utilisé le marketing data-driven pour repenser sa stratégie de contenu. En analysant les données des médias sociaux et d'autres sources, ils ont découvert que les contenus axés sur des émotions positives étaient les plus partagés. Cela a conduit à des campagnes telles que "Partagez un Coca" qui ont été énormément réussies (Mildenhall, 2015).

5.2.2.4   Intégration des Données Cross-Channel

Dans le monde connecté d'aujourd'hui, les clients interagissent avec les marques sur plusieurs canaux : médias sociaux, sites web, applications mobiles, et même en magasin. La capacité à fusionner et à comprendre ces données cross-channel est cruciale pour une vision complète du parcours client (Schultz & Peltier, 2013).

Sephora, le géant de la beauté, est un exemple éloquent en matière d'intégration cross-channel. Ils ont créé une expérience unifiée pour leurs clients, où les achats en magasin et en ligne sont étroitement liés grâce à leur programme de fidélité. En combinant les données de ces différents canaux, Sephora offre des recommandations personnalisées, des tutoriels adaptés et des offres exclusives, renforçant ainsi la fidélité de ses clients (Morgan, 2018).

5.2.2.5   L'Importance de la Protection des Données

Avec l'augmentation de la collecte de données vient une responsabilité majeure : garantir leur sécurité et leur confidentialité. Les consommateurs sont de plus en plus préoccupés par la manière dont leurs informations sont utilisées, et une seule violation de données peut éroder la confiance établie au fil des ans (Smith, Dinev & Xu, 2011).

En 2013, la chaîne de magasins Target a subi une importante violation de données où les informations de cartes de crédit de près de 40 millions de clients ont été exposées. Suite à cet incident, Target a investi massivement dans la sécurisation de ses infrastructures et dans la formation de ses employés. Ce triste épisode a servi de leçon pour de nombreuses entreprises sur l'importance de la protection des données (Riley, Elgin, Lawrence & Matlack, 2014).

5.2.2.6   L'Expérimentation et l'A/B Testing

L'un des avantages majeurs du marketing data-driven est la capacité d'expérimenter rapidement. L'A/B testing, par exemple, permet aux entreprises de tester deux versions d'une campagne ou d'une page web pour déterminer laquelle est la plus efficace en termes de conversions ou d'engagement (Kohavi, Longbotham, Sommerfield & Henne, 2009).

Booking.com est connu pour sa culture d'expérimentation. Ils mènent des milliers d'A/B tests chaque année. Chaque détail, du placement des boutons à la formulation des appels à l'action, est testé pour optimiser l'expérience utilisateur et augmenter les conversions. Cette approche méthodique a grandement contribué à faire de Booking.com l'un des leaders mondiaux de la réservation d'hébergements en ligne (Brooks, 2017).

Le marketing data-driven n'est pas une simple tendance passagère, c'est une révolution. En mettant l'accent sur les données pour guider chaque décision, les entreprises peuvent être plus agiles, plus efficaces et, surtout, plus en phase avec les besoins et désirs de leurs clients.

5.3 LES OBJETS CONNECTÉS/INTERNET OF THINGS ET LE MOBILE MARKETING

Plongez dans le futur du marketing, où les objets sont interconnectés et les interactions mobiles dominent, et découvrez comment tirer parti de ces tendances.

5.3.1 Tendances en matière d'IoT et marketing mobile

Avec l'essor des technologies de l'Internet des Objets (IoT) et l'omniprésence des appareils mobiles, les marques ont plus que jamais l'opportunité d'interagir avec leurs clients de manière personnalisée et contextuelle (Porter & Heppelmann, 2014). Explorons quelques tendances majeures qui façonnent cette nouvelle ère du marketing.

5.3.1.1 L'hyper-personnalisation grâce à l'IoT

L'IoT a ouvert une fenêtre sur le comportement et les préférences des consommateurs en temps réel. Les appareils connectés, qu'il s'agisse de montres intelligentes, de thermostats ou de voitures, génèrent une avalanche de données que les marques peuvent exploiter pour offrir des expériences hyper-personnalisées (Kannan & Li, 2017).

Prenez Nest, le thermostat intelligent. Non seulement il apprend les préférences de température des utilisateurs, mais il peut aussi s'intégrer avec d'autres appareils de la maison. Imaginez une entreprise qui utilise ces données pour offrir des réductions sur des couvertures chaudes

lorsque le thermostat détecte une baisse de la
température (Johnson, 2015).

5.3.1.2   *Publicité basée sur la géolocalisation*

L'utilisation des données de géolocalisation des
smartphones permet aux marques d'envoyer des
messages pertinents basés sur l'emplacement physique
d'un utilisateur (Hossain & Feng, 2015). Cela transforme
chaque expérience mobile en une opportunité marketing
contextuelle.

Starbucks, par exemple, a utilisé la géolocalisation pour
envoyer des offres spéciales aux utilisateurs de son
application mobile lorsqu'ils se trouvaient à proximité
d'un de leurs établissements, augmentant ainsi le taux de
conversion et la fidélité des clients (Marr, 2017).

5.3.1.3   *L'IoT pour une meilleure compréhension du parcours client*

L'interaction avec les appareils connectés offre une
perspective unique sur le parcours client, depuis la phase
de sensibilisation jusqu'à la conversion (Vermesan &
Friess, 2014).

Considérez le Dash Button d'Amazon, qui permet aux
utilisateurs de commander instantanément des produits
du quotidien. Ce simple bouton offre à Amazon une mine
d'informations sur la fréquence d'achat, le moment de la
journée où le produit est le plus demandé, et bien plus

encore, permettant ainsi une optimisation constante de l'expérience client (Lomas, 2016).

5.3.1.4   L'interaction vocale et les assistants intelligents

Avec la popularité croissante des enceintes intelligentes et des assistants vocaux tels qu'Alexa, Google Assistant, et Siri, une nouvelle forme d'interaction a vu le jour. Ces dispositifs offrent aux marques une chance unique de s'engager avec leurs clients à travers la voix, créant ainsi une expérience plus personnelle et intuitive (Lopez & Green, 2017).

Domino's Pizza a été parmi les premiers à adopter cette technologie, permettant aux clients de passer une commande directement via Alexa. Cette stratégie a non seulement simplifié le processus de commande pour les clients, mais a également renforcé la position de Domino's en tant qu'innovateur dans le domaine de la technologie alimentaire (Meyer, 2018).

5.3.1.5   Les wearables pour une expérience client immersive

Les appareils portables tels que les montres intelligentes, les lunettes de réalité augmentée et les trackers de fitness offrent aux marques un moyen de s'engager avec les clients à un niveau plus intime, collectant des données en temps réel sur leur santé, leurs activités et leurs préférences (Evans, 2016).

Nike a investi dans la technologie wearable avec son application "Nike Run Club" pour les montres intelligentes. L'application non seulement suit les performances de course de l'utilisateur, mais offre également des suggestions personnalisées et des encouragements en temps réel, renforçant ainsi l'engagement de la marque avec sa communauté de coureurs (Evans, 2016).

5.3.1.6 *La maison connectée comme nouveau terrain de jeu pour le marketing*

Avec de plus en plus de consommateurs investissant dans des appareils de maison intelligente, de la sécurité à l'éclairage, les opportunités pour les marques de s'introduire dans le quotidien des ménages se multiplient (Gubbi et al., 2013).

Philips Hue, une gamme d'éclairages connectés, non seulement permet aux utilisateurs de contrôler leur éclairage via une application mobile, mais s'intègre également avec d'autres appareils et services. Cela ouvre la porte à des partenariats entre Philips et d'autres marques. Par exemple, lorsqu'un film particulier est diffusé à la télévision, l'éclairage pourrait automatiquement s'ajuster pour améliorer l'expérience de visionnage, créant ainsi une expérience entièrement immersive pour le consommateur (Turner, 2015).

5.3.1.7 Expériences en magasin enrichies

L'IoT permet de créer des expériences en magasin plus immersives. Les miroirs connectés dans les cabines d'essayage, par exemple, peuvent suggérer des articles complémentaires, offrir des réductions ou montrer des avis de clients (Foster, 2018).

La marque de mode Rebecca Minkoff a introduit dans ses boutiques des miroirs connectés qui permettent aux clients d'ajuster l'éclairage, de demander une autre taille ou de commander une boisson pendant qu'ils essaient des vêtements (Reynolds, 2017).

5.3.1.8 Engagement en temps réel

Le marketing mobile bénéficie considérablement de la capacité de l'IoT à fournir des données en temps réel. Les notifications push basées sur la géolocalisation sont un excellent moyen pour les marques d'interagir avec leurs clients lorsque ceux-ci sont à proximité ou à l'intérieur d'un magasin (Martin, 2016).

Starbucks utilise la géolocalisation pour envoyer aux utilisateurs de son application des offres spéciales ou des rappels de leur boisson préférée lorsqu'ils se trouvent à proximité d'un de leurs cafés, augmentant ainsi les chances qu'ils s'arrêtent pour un achat impulsif (Wilson, 2018).

5.3.1.9 Maintenance proactive et service après-vente

L'IoT offre aux entreprises la possibilité de surveiller à distance la santé et la performance de leurs produits. Ainsi, elles peuvent prévenir les utilisateurs d'un problème potentiel avant qu'il ne se produise ou proposer une solution immédiate (Turnbull, 2019).

Tesla, la marque de voitures électriques, a la capacité de recevoir des données de ses véhicules en temps réel. En cas de problème détecté, la marque peut envoyer une notification au propriétaire via une application mobile, suggérant une maintenance ou une mise à jour à effectuer (Hernandez, 2020).

5.3.2 Stratégies et applications pratiques

L'intégration de l'IoT (Internet des objets) et du marketing mobile n'est pas simplement une tendance éphémère; elle représente une évolution majeure dans la manière dont les entreprises comprennent, engagent et servent leurs clients. Pour un entrepreneur, ces technologies offrent non seulement des opportunités, mais aussi des défis qu'il est impératif de comprendre pour réussir.

5.3.2.1 Maximisation de la Valeur Client grâce à l'IoT

Stratégie : Utiliser les données fournies par l'IoT pour améliorer la compréhension du client, permettant ainsi de créer des offres sur mesure qui augmentent la valeur du client à long terme (LCV - Lifetime Customer Value).

Les entrepreneurs doivent investir dans des outils et des compétences pour interpréter et exploiter ces données, garantissant ainsi la confidentialité des utilisateurs (Adams, 2018).

Nest, spécialisé dans les thermostats connectés, analyse les habitudes des utilisateurs pour recommander des réglages économiseurs d'énergie, créant ainsi une valeur ajoutée pour le client tout en renforçant leur propre proposition de valeur (Peters, 2019).

5.3.2.2   *Renouvellement du Parcours Client en Magasin*

Stratégie : Utiliser l'IoT pour repenser et enrichir l'expérience client en magasin, en y intégrant des éléments numériques pour surprendre et engager davantage.

Les entrepreneurs doivent équilibrer les investissements technologiques avec une mise en œuvre réellement bénéfique pour le client, évitant ainsi des gadgets inutiles (Barnes, 2020).

Amazon Go a repensé l'expérience d'achat en magasin avec sa technologie "Just Walk Out", où les clients peuvent prendre des articles et simplement partir, les achats étant automatiquement facturés sur leur compte Amazon (Lambert, 2017).

5.3.2.3 Optimisation de l'Engagement en Temps Réel

Stratégie : S'appuyer sur les notifications mobiles basées sur la géolocalisation pour engager les clients au bon moment et dans le bon contexte.

Il est crucial pour les entrepreneurs de ne pas être intrusifs, risquant ainsi de repousser les clients. Une segmentation fine est nécessaire pour assurer la pertinence des messages (Moreau, 2016).

UberEATS informe ses utilisateurs des promotions ou des nouveaux restaurants dans leur zone, mais seulement lorsqu'ils sont susceptibles de commander, comme aux heures de repas, optimisant ainsi l'engagement (Nguyen, 2018).

6 Éthique et Mesure du Succès

La mesure du succès ne concerne pas seulement les profits, mais aussi l'intégrité et la responsabilité. Cette section explore comment être non seulement prospère, mais aussi éthique.

6.1 L'Éthique dans le Marketing Digital

Dans un monde où tout est transparent, l'éthique n'est pas seulement morale, elle est aussi commerciale. Découvrez comment naviguer dans le paysage digital avec intégrité.

6.1.1 Responsabilité et conformité

6.1.1.1 *Responsabilité*

Alors que le marketing digital s'est imposé comme un incontournable pour les entreprises cherchant à établir une présence solide et à engager leur clientèle, il est crucial de s'arrêter un moment et de réfléchir à l'éthique de nos actions en tant que marketeurs. À une époque où la technologie nous donne la possibilité d'atteindre nos clients de manières plus personnelles et précises que jamais, se pose la question : devrions-nous toujours le faire, simplement parce que nous le pouvons?

6.1.1.1.1 Respect de la Vie Privée et Utilisation des Données

La vie privée est une préoccupation majeure pour les consommateurs à l'ère numérique. Selon une étude de Pew Research Center (2019), près de 79% des consommateurs sont préoccupés par la manière dont leurs données sont utilisées par les entreprises. Les marketeurs doivent alors faire preuve de prudence et de transparence dans la collecte et l'utilisation des données, en s'assurant que le consentement est obtenu et que les consommateurs comprennent à quoi servent leurs informations. Un exemple mémorable est celui de Cambridge Analytica qui a exploité les données des utilisateurs de Facebook à des fins politiques, suscitant une énorme controverse et un examen minutieux de la manière dont les entreprises traitent les données des utilisateurs (Isaac & Wakabayashi, 2018).

6.1.1.1.2 Authenticité et Transparence

L'authenticité est devenue une monnaie précieuse. Les consommateurs ne veulent pas seulement acheter un produit ou un service ; ils veulent savoir qu'ils peuvent faire confiance à l'entreprise derrière lui. Dove, par exemple, a été salué pour sa campagne "Real Beauty" qui présentait des femmes de toutes formes, tailles et origines ethniques, défiant ainsi les normes conventionnelles de beauté et faisant preuve d'une réelle authenticité dans son approche marketing (Economist, 2017).

6.1.1.1.3   Publicité Non Intrusive

Avec l'avènement des bloqueurs de publicité et la montée de la "publicité aveugle" (où les consommateurs ignorent instinctivement les espaces publicitaires), il est devenu évident que les consommateurs sont fatigués des publicités intrusives. Spotify, par exemple, offre une expérience d'écoute sans publicité pour ses utilisateurs premium, reconnaissant que pour certains, une expérience sans interruption est précieuse (Molla, 2019).

6.1.1.1.4   Promotion Socialement Responsable

De plus en plus, les consommateurs se soucient de la manière dont les entreprises se comportent socialement. Que ce soit en matière de durabilité, d'éthique ou d'inclusion, les entreprises qui démontrent un engagement envers des causes sociales peuvent gagner la fidélité des consommateurs. Un excellent exemple est celui de Patagonia, une entreprise qui intègre la durabilité à chaque étape de son processus et qui communique ouvertement sur ses efforts et ses valeurs à ses clients (Kaplan, 2020).

En fin de compte, l'éthique en marketing digital ne concerne pas seulement la conformité réglementaire, mais aussi le respect des consommateurs en tant qu'individus. En tant que marketeurs, il est de notre responsabilité de mener nos campagnes avec intégrité, en veillant à ce que la confiance des consommateurs ne soit jamais compromise.

6.1.1.2 *Conformité*

L'essor du marketing digital a permis d'ouvrir des horizons inimaginables pour les entreprises, du micro-entrepreneur au géant multinational. Cependant, cet avènement est accompagné d'une myriade de défis éthiques et juridiques, notamment en ce qui concerne la collecte, le stockage et l'utilisation des données des consommateurs. En tant que professionnels du marketing, nous devons naviguer avec précaution dans cette mer d'informations tout en assurant la conformité à des réglementations en constante évolution.

6.1.1.2.1   Le Règlement Général sur la Protection des Données (RGPD)

En 2018, l'Union européenne a introduit le RGPD pour donner aux citoyens plus de contrôle sur leurs données personnelles (Voigt & Von dem Bussche, 2017). Cette réglementation a eu des répercussions massives pour les entreprises opérant dans l'UE, qu'elles y soient basées ou non. Toute entreprise traitant des données de citoyens de l'UE doit s'assurer que les procédures de collecte et de stockage sont conformes. Un exemple notoire est Google qui, en 2019, a été condamné à une amende de 50 millions d'euros pour non-conformité au RGPD (Gibbs, 2019).

6.1.1.2.2 Publicité ciblée et consentement éclairé

Le marketing digital a rendu possible le ciblage publicitaire à un degré de précision sans précédent. Cependant, cela a soulevé des questions éthiques sur la manière dont les données sont utilisées pour cibler les consommateurs sans leur consentement explicite. En réponse, des réglementations comme le RGPD et le California Consumer Privacy Act (CCPA) exigent désormais que les consommateurs donnent leur consentement éclairé avant que leurs données ne soient utilisées à des fins publicitaires (Mulligan et al., 2020).

6.1.1.2.3 Utilisation éthique des influenceurs

Avec l'émergence des plateformes sociales, les influenceurs sont devenus un outil puissant pour les marques. Cependant, la collaboration avec eux doit se faire de manière éthique. En 2017, le Fyre Festival, promu par des influenceurs de premier plan, s'est avéré être une arnaque totale, rappelant l'importance de la transparence et de l'honnêteté dans les partenariats (Huang & Sarigöllü, 2019).

6.1.1.2.4 Discours de haine et plateformes publicitaires

Les entreprises doivent être vigilantes quant aux plateformes sur lesquelles elles diffusent leurs publicités. Un exemple récent est le boycott de Facebook par de grandes marques en 2020, protestant contre la gestion par la plateforme des discours de haine (Frenkel et al., 2020).

Le marketing digital est un domaine dynamique qui offre d'immenses possibilités. Cependant, avec ces opportunités viennent des responsabilités. Les entreprises doivent constamment se tenir informées des dernières réglementations, comprendre les implications éthiques de leurs actions et veiller à ce que le respect du consommateur reste au cœur de leurs initiatives marketing.

6.1.2   Réputation et confiance

La révolution numérique a redéfini les règles du jeu en matière de marketing. Alors que nous nous aventurons de plus en plus dans cette ère de l'information omniprésente, la réputation d'une entreprise et la confiance que les consommateurs lui accordent sont devenues des atouts inestimables. Mais comment ces notions interagissent-elles avec l'éthique du marketing digital ?

6.1.2.1   La Réputation à l'Ère Numérique

Aujourd'hui, la réputation d'une entreprise ne dépend plus uniquement de la qualité de ses produits ou services, mais aussi de sa présence en ligne et de la manière dont elle interagit avec ses consommateurs. Selon une étude de BrightLocal (2019), 82 % des consommateurs lisent les avis en ligne avant de faire un achat. De plus, une mauvaise critique ou un scandale médiatisé peut avoir un impact dévastateur. Prenez l'exemple de United Airlines en 2017, lorsqu'une vidéo montrant un passager traîné hors d'un avion est devenue virale. La réputation de la compagnie a subi un coup majeur, entraînant une chute de la valeur boursière de près d'un milliard de dollars en quelques jours (Isidore & O'Toole, 2017).

6.1.2.2 Construire et Maintenir la Confiance

La confiance est le socle sur lequel repose toute relation d'affaires. Dans le monde numérique, cela implique une communication transparente et honnête, et surtout le respect de la vie privée du consommateur. Des géants comme Facebook ont été épinglés pour avoir mal géré les données des utilisateurs, provoquant des réactions de défiance (Solon, 2018). Pourtant, des entreprises comme Apple ont capitalisé sur la protection de la vie privée comme élément de différenciation, en mettant en avant des fonctionnalités axées sur la sécurité et la confidentialité pour renforcer la confiance de leurs utilisateurs (Apple, 2020).

6.1.2.3 L'Équilibre Entre Personalisation et Respect de la Vie Privée

Les consommateurs d'aujourd'hui s'attendent à une expérience personnalisée, mais sans compromettre leur vie privée (PwC, 2019). Cela oblige les entreprises à naviguer sur une ligne fine. Un exemple illustratif est celui de Netflix qui propose des recommandations personnalisées à ses utilisateurs basées sur leurs habitudes de visionnage, mais sans jamais divulguer ces informations à des tiers, préservant ainsi la confiance des utilisateurs tout en offrant une expérience sur mesure (Gomez-Uribe & Hunt, 2016).

En définitive, la réputation et la confiance sont plus que jamais des monnaies précieuses à l'ère digitale. Elles doivent être soigneusement cultivées à travers des stratégies de marketing éthiques, transparentes et respectueuses. Le succès à long terme dans le monde numérique dépend de la capacité d'une entreprise à naviguer avec intégrité dans ces eaux souvent troubles.

6.2 ANALYSE DE PERFORMANCE ET KPIs

Ce n'est pas seulement ce que vous faites, mais comment vous le mesurez. Terminez votre voyage avec les outils et les stratégies pour évaluer, ajuster et célébrer vos succès en marketing digital.

6.2.1 Suivi et mesure du succès

Le monde du marketing digital est en constante évolution, avec une profusion de données à notre disposition. Mais comment, en tant qu'entrepreneur, pouvez-vous vous assurer que vos efforts marketing portent leurs fruits ? La réponse réside dans une surveillance rigoureuse et une évaluation approfondie à travers l'analyse des performances et des indicateurs clés de performance (KPIs).

6.2.1.1 *La Nécessité d'une Analyse des Performances Rigoureuse*

L'analyse des performances ne se résume pas à observer de simples chiffres ; elle exige une compréhension approfondie de ce qui fonctionne et de ce qui ne fonctionne pas dans vos initiatives marketing (Kaushik, 2010). Chaque canal de marketing, que ce soit le référencement, le marketing par e-mail, les médias sociaux ou la publicité payante, présente des métriques spécifiques qui nécessitent une attention particulière. Par exemple, si vous lancez une campagne de marketing par e-mail, il ne suffit pas de surveiller le taux d'ouverture. Il est également essentiel d'examiner le taux de clics, le taux de conversion et le retour sur investissement (ROI) pour obtenir une image complète de la performance (Farris et al., 2010).

6.2.1.2   *Les KPIs : Des Boussoles pour les Entrepreneurs*

Les KPIs jouent un rôle essentiel en servant de boussoles, guidant les entrepreneurs vers leurs objectifs stratégiques. Prenons l'exemple d'un e-commerce. Si l'objectif principal est d'augmenter les ventes, les KPIs pertinents pourraient inclure le taux de conversion, la valeur moyenne des commandes et le coût d'acquisition client (Chaffey et Smith, 2017). Dans un autre contexte, une entreprise axée sur le renforcement de la notoriété de la marque pourrait privilégier des KPIs tels que les impressions, les mentions de la marque et l'engagement sur les réseaux sociaux.

6.2.1.3   *Mesurer, Ajuster, Répéter*

L'un des avantages du marketing digital est sa capacité à fournir des retours en temps réel, permettant aux entreprises d'ajuster rapidement leurs stratégies (Fishbein & Ajzen, 2010). Un exemple frappant est celui d'Airbnb qui, au début de son parcours, a identifié un problème de qualité des photos des annonces. L'entreprise a rapidement déployé un programme de photographie professionnelle, conduisant à une augmentation significative des réservations (Gallagher, 2017). Cet exemple illustre l'importance d'écouter les données, d'apporter les ajustements nécessaires et de mesurer à nouveau pour s'assurer de la progression vers l'objectif souhaité.

6.2.1.4 *Méthodologie*

L'analyse des performances ne se limite pas à la simple collecte et observation de données ; elle nécessite une méthode structurée pour être efficace (Davenport, 2006). Voici une approche pas à pas que les entrepreneurs peuvent adopter:

1. Définition des Objectifs : Avant même de commencer à collecter des données, il est essentiel de définir clairement ce que vous souhaitez réaliser. Cela peut aller de l'augmentation des ventes à l'amélioration de l'engagement client ou à l'accroissement de la notoriété de la marque.
2. Sélection des KPIs Pertinents : Comme mentionné précédemment, chaque objectif aura ses propres indicateurs clés de performance. Il est crucial de choisir ceux qui sont directement liés à vos objectifs pour éviter une surcharge d'informations inutiles.
3. Collecte et Stockage des Données : Utilisez des outils et des plateformes adaptés, comme Google Analytics, pour collecter des données. Assurez-vous également d'avoir un système fiable pour stocker ces données, en gardant à l'esprit les préoccupations de confidentialité et de conformité.

4. Analyse et Interprétation : Une fois les données collectées, il s'agit de les analyser pour en tirer des insights. Cela peut nécessiter l'utilisation d'outils analytiques avancés ou l'embauche d'experts si les données sont particulièrement complexes.
5. Mise en Œuvre des Insights : Les insights en eux-mêmes ne sont que la moitié de la bataille. Le véritable avantage provient de la mise en œuvre de ces insights dans votre stratégie marketing.
6. Réévaluation et Ajustement : La dernière étape de la méthodologie est la réévaluation. Après avoir mis en œuvre des modifications, retournez à vos KPIs et évaluez si des améliorations ont été réalisées. Puis, ajustez en conséquence.

En suivant cette méthodologie, les entrepreneurs peuvent s'assurer qu'ils ne se contentent pas de collecter des données pour le plaisir, mais qu'ils les utilisent réellement pour améliorer leurs initiatives marketing et, en fin de compte, leurs résultats commerciaux.

La réussite en marketing digital repose sur une compréhension profonde et une utilisation stratégique des données. En analysant minutieusement les performances et en se concentrant sur les KPIs pertinents, les entrepreneurs peuvent non seulement mesurer leur succès, mais aussi découvrir des opportunités d'optimisation, assurant ainsi une croissance soutenue et une efficacité maximale de leurs efforts marketing.

6.2.2   Outils et tableaux de bord

Le monde du marketing digital évolue constamment, tout comme les outils que nous utilisons pour mesurer et analyser nos efforts. L'une des compétences les plus essentielles pour tout professionnel du marketing, et en particulier pour les entrepreneurs, est la capacité à interpréter efficacement les données pour prendre des décisions éclairées (Kaplan et Haenlein, 2010).

6.2.2.1   *Google Analytics*

Sans doute l'un des outils analytiques les plus omniprésents, Google Analytics offre une vue complète du comportement des visiteurs sur un site web. Il vous permet de suivre les sources de trafic, le comportement de l'utilisateur, les conversions et bien plus encore. Exemple: Supposons que vous lanciez une campagne publicitaire pour une nouvelle gamme de produits. En utilisant Google Analytics, vous pouvez voir exactement combien de personnes ont visité votre site à partir de cette publicité, combien d'entre elles ont effectué un achat et même combien de temps elles ont passé sur le site.

6.2.2.2   *HubSpot*

Plus qu'un simple outil de gestion de la relation client (CRM), HubSpot offre une suite complète de marketing automation. Il intègre des tableaux de bord personnalisés qui permettent aux utilisateurs de suivre divers KPIs, du taux d'ouverture des e-mails au taux de conversion des leads (Lefebvre, 2017). Exemple: Si vous gérez une entreprise B2B et utilisez l'e-mail marketing pour nourrir vos leads, HubSpot peut vous montrer quel segment de votre audience réagit le mieux à quel type de contenu.

6.2.2.3 Tableau

Pour les professionnels ayant une grande quantité de données et souhaitant une personnalisation poussée, Tableau est un outil de visualisation de données inestimable. Il peut agréger des données de diverses sources pour créer des visualisations dynamiques et interactives (Few, 2009). Exemple: Imaginons que vous ayez des données de vente provenant à la fois de votre boutique en ligne et de vos points de vente physiques. Tableau pourrait fusionner ces données pour vous montrer où se trouvent vos clients les plus dépensiers, ou à quel moment de l'année vos ventes en ligne surpassent vos ventes en magasin.

6.2.2.4 SEMrush

Spécifiquement conçu pour l'analyse de la performance des moteurs de recherche et la recherche de mots-clés, SEMrush est un outil incontournable pour tout spécialiste du marketing souhaitant optimiser sa présence en ligne (Chaffey et Smith, 2017). Exemple: Si vous souhaitez augmenter le trafic organique de votre site, vous pouvez utiliser SEMrush pour identifier quelles sont les requêtes sur lesquelles vos concurrents se classent mais pas vous, puis ajuster votre contenu en conséquence.

6.2.2.5 Kissmetrics

Plus qu'un simple outil d'analyse web, Kissmetrics se focalise sur les individus, vous permettant de suivre un utilisateur tout au long de son parcours. Cet outil offre une vision approfondie du comportement de l'utilisateur et identifie les domaines d'optimisation pour améliorer les conversions. Exemple : Si vous remarquez qu'une proportion significative de clients abandonne son panier d'achat sur une page particulière, Kissmetrics peut aider à identifier les facteurs dissuasifs potentiels pour les utilisateurs (Patterson, 2012).

6.2.2.6 Mixpanel

Cet outil d'analyse s'écarte des mesures traditionnelles et se concentre sur les événements. Au lieu de se concentrer uniquement sur les vues de page, Mixpanel examine les actions effectuées par les utilisateurs. Exemple: Pour une application mobile, au lieu de simplement savoir combien de fois elle a été téléchargée, vous pourriez savoir combien de fois une fonction spécifique a été utilisée (Miller et Mork, 2013).

6.2.2.7 Crazy Egg

Cet outil est axé sur la visualisation des données. Crazy Egg offre des cartes thermiques qui montrent où les utilisateurs cliquent le plus sur votre site, où ils passent le plus de temps, et comment ils naviguent. Exemple: Si vous souhaitez restructurer la mise en page d'une page produit, les cartes thermiques pourraient montrer si les utilisateurs interagissent avec les éléments clés, comme le bouton "Acheter maintenant" (Chen, 2014).

6.2.2.8 Ahrefs

Spécialisé dans l'analyse SEO, Ahrefs offre une profondeur d'analyse pour tout ce qui concerne les backlinks, les mots-clés, et le positionnement dans les moteurs de recherche. Exemple: En évaluant les backlinks de vos concurrents, vous pourriez découvrir des opportunités pour votre propre stratégie de référencement (Clarke, 2016).

La réussite en marketing digital ne réside pas uniquement dans l'utilisation d'outils, mais dans la capacité à les utiliser de manière stratégique. La clé est de choisir les outils adaptés à vos besoins spécifiques, de les intégrer de manière cohérente dans votre stratégie et d'interpréter les données qu'ils fournissent pour prendre des décisions éclairées (Brennan et Schafer, 2010).

La clé avec tous ces outils est de se rappeler qu'ils sont exactement cela: des outils. Ils fournissent des données, des insights et des visualisations, mais c'est à vous, en tant que professionnel du marketing, d'interpréter ces informations et de décider de la meilleure marche à suivre. L'importance de la formation continue dans ce domaine ne peut être sous-estimée ; les outils évoluent, mais les principes fondamentaux de l'analyse et de la prise de décision basées sur les données restent les mêmes (Chaffey et Smith, 2017).

7 CONCLUSION

7.1 RÉSUMÉ ET MISE EN PERSPECTIVE

En jetant un regard rétrospectif sur le paysage changeant du marketing digital, il est indéniable que son rôle dans l'écosystème entrepreneurial a profondément évolué. Situé à l'intersection du commerce et de la technologie, le marketing digital est désormais un outil incontournable pour tout entrepreneur aspirant à réussir dans ce monde interconnecté.

La première partie de ce guide a posé les bases essentielles pour toute entreprise, mettant l'accent sur la compréhension et l'analyse du marché. Des outils tels que l'Audit Stratégique, la Matrice SWOT et la définition d'objectifs à travers la Matrice SMART nous ont montré comment une analyse minutieuse peut orienter et guider une entreprise vers le succès.

La deuxième partie a consolidé cette fondation, en introduisant les concepts clés du marketing et comment les appliquer à la sphère digitale. La compréhension des personas, la mise en œuvre du mix marketing et l'harmonisation des médias payants, propriétaires et gagnés nous ont permis de forger des stratégies efficaces, tout en répondant aux besoins des consommateurs modernes (Lopez, 2018).

À mesure que nous progressions dans le guide, nous avons exploré les techniques et tactiques avancées qui façonnent le monde du marketing digital aujourd'hui. Des concepts tels que le Funnel Marketing, l'e-commerce, l'Inbound Marketing, et même l'intégration des marketplaces et du social selling ont été détaillés pour vous offrir une vision complète du paysage digital actuel.

Avec l'avènement de la quatrième révolution industrielle, la croissance et l'innovation ont été placées au cœur de la partie IV. Le Growth Hacking, le Marketing Data-Driven et même les tendances émergentes comme l'IoT ont souligné l'importance de rester à la pointe de la technologie et de l'innovation.

Enfin, alors que nous avons discuté des différentes stratégies et tactiques, il est essentiel de se souvenir de l'importance de l'éthique dans le marketing digital. Dans un monde où les données sont abondantes, la responsabilité et la conformité deviennent cruciales. Et, comme le dernier chapitre l'a souligné, l'analyse de la performance, à travers des outils appropriés et des indicateurs clés de performance, est essentielle pour évaluer et affiner constamment nos stratégies.

En conclusion, alors que le marketing digital continue d'évoluer, les fondamentaux restent inchangés. Pour tout jeune entrepreneur, ce guide se veut une boussole, vous guidant à travers les complexités du digital, et vous assurant que, avec la bonne connaissance et les bons outils, le succès est non seulement possible mais probable.

7.2 ÉVOLUTION FUTURE DU MARKETING DIGITAL

À l'aube de cette ère numérique, il est clair que le marketing digital n'est plus une simple tendance, mais un pilier fondamental de toute stratégie commerciale. Ce paysage, autrefois dominé par de simples annonces et sites web, a évolué pour englober des interactions client sophistiquées, des intelligences artificielles avancées et des innovations qui défient les limites traditionnelles du marketing.

Le monde du marketing a toujours été caractérisé par son dynamisme, et il n'est pas surprenant que nous assistions à des changements rapides dans les tactiques et les stratégies numériques. Mais alors que nous regardons vers l'avenir, plusieurs tendances clés semblent se dessiner. Tout d'abord, l'intelligence artificielle et la machine learning promettent de révolutionner la manière dont les marques interagissent avec leurs clients. Au-delà de simples chatbots ou recommandations de produits, l'IA a le potentiel de créer des expériences utilisateur véritablement personnalisées, adaptées à l'individu et à son parcours unique.

Ensuite, l'émergence de technologies comme la réalité augmentée et la réalité virtuelle ouvre la porte à des formes d'engagement client totalement nouvelles. Imaginez un monde où les consommateurs peuvent essayer des vêtements, explorer des destinations de voyage ou tester des produits ménagers, tout cela depuis le confort de leur salon grâce à la VR ou la XR. Ces technologies, bien qu'encore à leurs débuts, ont le potentiel de combler le fossé entre le commerce en ligne et hors ligne, créant une expérience d'achat véritablement omnicanal.

De plus, le pouvoir des données ne doit pas être sous-estimé. Avec l'augmentation des dispositifs IoT et des connexions numériques, le volume de données disponibles pour les marqueteurs est stupéfiant. Cela signifie que la capacité de comprendre, d'analyser et d'agir sur ces données deviendra un avantage concurrentiel majeur. L'analytique prédictive, par exemple, pourrait bien transformer la manière dont les entreprises ciblent, engagent et fidélisent leurs clients.

Toutefois, il est essentiel de noter que, malgré ces avancées technologiques, le cœur du marketing restera inchangé. Il s'agira toujours de créer des relations authentiques et significatives avec les clients. Les outils et les plateformes peuvent changer, mais l'importance d'une communication sincère et d'une valeur ajoutée pour le consommateur demeurera.

En fin de compte, le futur du marketing digital est rempli d'opportunités et de défis. Pour les entrepreneurs visionnaires, cela représente une chance inouïe de repousser les limites, d'innover et de forger des relations plus profondes avec leurs clients. Avec la bonne combinaison de stratégie, de technologie et d'authenticité, le futur du marketing digital est prometteur.

7.3 ENCOURAGEMENTS POUR UNE CARRIÈRE RÉUSSIE DANS L'ENTREPRENEURIAT

Le voyage entrepreneurial, avec toutes ses complexités et ses défis, est l'une des quêtes les plus enrichissantes que l'on puisse entreprendre. Certes, l'entrepreneuriat nécessite du courage, de la détermination et une volonté inébranlable de surmonter les obstacles. Mais le potentiel de laisser une empreinte indélébile, de réaliser une vision personnelle et de contribuer positivement à la société est immense.

Selon Drucker (2007) dans Innovation and Entrepreneurship, l'entrepreneuriat est moins une question de ressources financières et davantage une question de créativité, d'innovation et de vision. C'est un voyage qui commence par une simple idée, une résolution à résoudre un problème ou à répondre à un besoin. La route est semée d'embûches et d'incertitudes, mais elle offre également des occasions uniques d'apprentissage, de croissance et de réalisation personnelle.

Il est important de reconnaître que chaque échec, chaque revers, est une opportunité de croissance. Comme le dit Ries (2011) dans The Lean Startup, l'échec n'est qu'un point de données, une chance d'apprendre et de pivoter vers une meilleure solution. Chaque entrepreneur, des titans de l'industrie aux fondateurs de startups, a connu des moments de doute et d'incertitude. Pourtant, avec une mentalité résiliente et une passion ardente, ils ont transformé ces défis en opportunités.

Pour ceux qui envisagent une carrière dans l'entrepreneuriat, je vous exhorte à embrasser pleinement cette aventure. Nourrissez-vous de connaissances, entourez-vous d'une équipe solide, et surtout, croyez en vous et en votre vision. Le monde a besoin de penseurs innovants et de créateurs passionnés, capables de façonner l'avenir avec audace et ingéniosité. Que votre parcours entrepreneurial soit éclairé par l'inspiration, guidé par l'intégrité et couronné de succès incommensurables. Bonne chance à vous dans cette quête formidable et stimulante !

8 RÉFÉRENCES

Apple. (2020). "Privacy Features".

Association SLA (2014). Bilan de l'Ice Bucket Challenge.

Benton, A., Rana, M., & Krishnan, R. (2017). How Netflix Reverse Engineered Hollywood. The Atlantic. Retrouvé de The Atlantic website

Blanchard, O. (2018). SEO Mastery: The Tools of the Trade. Web Optimization Press.

Bosworth, S., & Brey, T. (1996). Hotmail: Growth Hacking avant la lettre.

BrightLocal. (2019). "Local Consumer Review Survey".

Brinker, S. (2020). L'évolution du paysage Martech.

Brooks, B. (2017). Culture of Experimentation: Why Booking.com is Always Optimising.

Brown, D. & Hayes, N. (2015). "Influence Marketing: How to Create, Manage, and Measure Brand Influencers in Social Media Marketing." Que Publishing.

Burcher, S. (1999). Hotmail et la puissance du bouche-à-oreille digital.

Business Insider. (2019). The Rise of Glossier.

Chaffey, D. & Smith, P. (2017). Digital Marketing Excellence: Planning, Optimizing and Integrating Online Marketing.

Chaffey, D. (2015). Digital Marketing: Strategy, Implementation and Practice.

Chaffey, D. (2016). Digital Marketing. London: Pearson.

Chaffey, D. (2017). "Digital Marketing: Strategy, Implementation, and Practice." Pearson.

Chaffey, D., et Smith, P.R. (2017). "Digital Marketing Excellence: Planning, Optimizing and Integrating Online Marketing".

Chen, L. D., & Sheldon, M. (2016). Analyse dynamique des prix dans le secteur de la location.

Chesky, B. (2011). Les débuts d'Airbnb et la stratégie Craigslist.

Christensen, C., 1997. The Innovator's Dilemma: When New Technologies Cause Great Firms to Fail. Harvard Business School Press, Boston.

CNN. (2016). Patagonia's Black Friday Pledge.

Cooper, A., Reimann, R., & Cronin, D. (2014). "About Face: The Essentials of Interaction Design." 4th Edition. Wiley.

Davenport, T. H. (2006). "Competing on Analytics: The New Science of Winning". Harvard Business Press.

Doran, G.T., 1981. There's a S.M.A.R.T. way to write management's goals and objectives. Management Review, 70(11), 35-36.

Drucker, P. (2007). Innovation and Entrepreneurship. HarperCollins.

Drucker, P.F., 1954. The Practice of Management. Harper & Row, New York.

Economist (2017). "The Dove ad and how we fell for body wash".

Econsultancy. (2018). ASOS and its Visual Search Tool.

Ellis, S. (2010). Find a Growth Hacker for Your Startup.

Enge, E., Spencer, S., Stricchiola, J., & Fishkin, R. (2012). "The Art of SEO." O'Reilly Media.

Evans, D. (2016). The Internet of Things: How Smart TVs, Smart Cars, Smart Homes, and Smart Cities Are Changing the World.

Farris, P. W., Bendle, N. T., Pfeifer, P. E., & Reibstein, D. J. (2010). "Marketing Metrics: The Definitive Guide to Measuring Marketing Performance". Pearson.

Few, S. (2009). "Now You See It: Simple Visualization Techniques for Quantitative Analysis". Analytics Press.

Fishbein, M., & Ajzen, I. (2010). "Predicting and changing behavior: The reasoned action approach". Psychology Press.

Fisher, E. (2016). How to Use HubSpot: An In-depth Guide. Inbound Mastery.

Fishkin, R. (2015). "SEO That Works." Moz.

Fogg, B.J., Tseng, H. (1999). "The Elements of Computer Credibility". Proceedings of the SIGCHI conference on Human Factors in Computing Systems.

Forbes. (2019). Inside the Nike App Strategy.

Foster, L. (2018). Creating In-Store Experiences with IoT.

Freberg, K., Graham, K., McGaughey, K., & Freberg, L. A. (2011). "Who are the social media influencers? A study of public perceptions of personality." Public Relations Review, 37(1).

Frenkel, S., Conger, K., & Isaac, M. (2020). "Advertisers Boycott Facebook in Response to Hate Speech". The New York Times.

Friedman, M., 1962. Capitalism and Freedom. University of Chicago Press, Chicago.

Gallagher, L. (2017). "How Airbnb's Data Science Team Doubled The Number Of Female Employees In One Year". Fast Company.

Gibbs, S. (2019). "Google fined €50m for GDPR violation in France". The Guardian.

Gomez-Uribe, C. A., & Hunt, N. (2016). The Netflix Recommender System: Algorithms, Business Value, and Innovation. ACM Transactions on Management Information Systems

Google Analytics. (n.d.). "Demographics and Interests Reports." Google Inc.

Gubbi, J., Buyya, R., Marusic, S., & Palaniswami, M. (2013). Internet of Things (IoT): A vision, architectural elements, and future directions.

Gulati, R., & Garino, J. (2000). Get the Right Mix of Bricks & Clicks. Harvard Business Review.

Gupta, S. (2020). Risks and Rewards in Digital Sales Platforms. Business Insights Journal.

Halligan, B., & Shah, D. (2009). Inbound Marketing: Get Found Using Google, Social Media, and Blogs. Wiley.

Halligan, B., & Shah, D. (2014). "Inbound Marketing: Attract, Engage, and Delight Customers Online." Wiley.

Heath, C., & Heath, D. (2007). Made to Stick: Why Some Ideas Survive and Others Die.

Hernandez, M. (2020). Tesla's Real-Time Maintenance Approach.

Hossain, M. A., & Feng, J. (2015). Value of big data to finance: Observations on an Internet credit service company in China.

Houston, D., & Ferdowsi, A. (2010). The Dropbox Journey.

Huang, R., & Sarigöllü, E. (2019). "How brand awareness relates to market outcome, brand equity, and the marketing mix". Journal of Business Research, 99, 497-507.

Isaac, M., & Wakabayashi, D. (2018). "How Facebook's Data Sharing Went From Feature to Bug". The New York Times.

Isidore, C., & O'Toole, J. (2017). "United Airlines shares drop after man dragged off flight". CNN Business.

Johnson, L. (2015). How the Internet of Things Is Improving Marketing.

Jones, T. (2020). The Smart Fridges Changing Consumer Behavior.

Kannan, P. K., & Li, H. "Alex". (2017). Digital marketing: A framework, review, and research agenda.

Kaplan, A. (2019). Content Creation in the Digital Age. Content Publishers.

Kaplan, A.M. et Haenlein, M. (2010). "Users of the world, unite! The challenges and opportunities of Social Media". Business Horizons, 53(1), 59-68.

Kaplan, R.S., Norton, D.P., 1996. The Balanced Scorecard: Translating Strategy into Action. Harvard Business School Press, Boston.

Kaplan, S. (2020). "How Patagonia Grew a Conscience". Business Insider.

Kaushik, A. (2010). "Web Analytics 2.0: The Art of Online Accountability and Science of Customer Centricity." Sybex.

Kemp, S. (2021). Digital 2021: Global Overview Report.

Kietzmann, J. H., et al. (2011). "Social media? Get serious! Understanding the functional building blocks of social media." Business Horizons, 54(3).

Kietzmann, J.H., Hermkens, K., McCarthy, I.P., & Silvestre, B.S. (2011). "Social media? Get serious! Understanding the functional building blocks of social media." Business Horizons, 54(3), 241-251.

Kohavi, R., Longbotham, R. (2007). "Online Experiments: Lessons Learned". Computer, vol. 40, no. 9.

Kohavi, R., Longbotham, R., Sommerfield, D., & Henne, R. M. (2009). Controlled Experiments on the Web.

Kotler, P. & Armstrong, G. (2016). Principles of Marketing.

Kotler, P., & Armstrong, G. (2018). Principles of Marketing. Pearson Education Inc.

Kotler, P., & Keller, K. L. (2016). Marketing Management.

Kotler, P., Kartajaya, H., & Setiawan, I. (2010). Marketing 3.0: From Products to Customers to the Human Spirit.

Kotler, P., Keller, K. L., Manceau, D., & Hémonnet-Goujot, A. (2015). "Marketing Management." 15th Edition. Pearson France.

Kumar, V. (2016). "Marketing as Strategy: Understanding the CEO's Agenda for Driving Growth and Innovation." Harvard Business Press.

Lamb, C. W., Hair, J. F., & McDaniel, C. (2013). MKTG 7. Cengage Learning.

Laudon, K. C., & Traver, C. G. (2013). E-commerce. Upper Saddle River: Pearson.

Lefebvre, E. (2017). "Managing customer relationships and analyzing business processes in complex and dynamic environments". Business Process Management Journal.

Leiner, B. M. et al. (2009). A Brief History of the Internet.

Lessig, L., 1999. Code and Other Laws of Cyberspace. Basic Books, New York.

Locke, E.A., Latham, G.P., 1990. A Theory of Goal Setting & Task Performance. Prentice Hall, Englewood Cliffs, NJ.

Lomas, N. (2016). Amazon Dashes Ahead With New IoT Button Push.

Lopez, T. & Green, H. (2017). Voice-activated assistants and the future of digital marketing.

Lwin, M., Wirtz, J., Williams, J.D. (2007). "Consumer Online Privacy Concerns and Responses: A Power–Responsibility Equilibrium Perspective". Journal of the Academy of Marketing Science, vol. 35.

Malhotra, N. K., & Birks, D. F. (2007). "Marketing Research: An Applied Approach." 3rd Edition. Prentice Hall.

Mangold, W.G. & Faulds, D.J. (2009). Social media: The new hybrid element of the promotion mix. Business Horizons, 52(4), 357-365.

Marr, B. (2017). How Starbucks Uses Big Data, Analytics, And Artificial Intelligence To Boost Performance.

Martin, C. (2016). Real-Time Engagement: The Future of Mobile Marketing.

Martinez, R. (2019). Social Selling in the Modern Age. Digital Sales Handbook.

Maslow, A., 1943. A Theory of Human Motivation. Psychological Review, 50(4), 370-396.

McAfee, A., & Brynjolfsson, E. (2012). Big Data : la révolution des données est en marche.

Metro Trains (2013). Dumb Ways to Die: Safety Campaign Case Study.

Meyer, G. (2018). How Domino's is using tech to dominate pizza delivery.

Mildenhall, J. (2015). Contenu 2020 : Coca-Cola's Content Strategy.

Mintzberg, H., 1994. The Rise and Fall of Strategic Planning. Prentice Hall, New York.

Molla, R. (2019). "People hate ads. Why do they love TV shows that celebrate them?". Vox.

Monroe, K. B. (1990). "Pricing: Making Profitable Decisions." 2nd Edition. McGraw-Hill.

Morgan, B. (2018). Comment Sephora Integre le Retail et le Digital.

Mulligan, C., King, J., & Grannis, D. (2020). "California Consumer Privacy Act (CCPA)". International Association of Privacy Professionals.

Nielsen, J. (2012). Usability Engineering. San Francisco: Morgan Kaufmann.

Patterson, P. (2017). Nurturing and Converting Leads in the Digital Age. Digital Marketing Insights.

Peppers, D. & Rogers, M. (2016). Managing Customer Experience and Relationships: A Strategic Framework.

Perreau, F. (2015). Le Coefficient Viral : Comment Mesurer la Viralité d'un Produit.

Pew Research Center (2019). "Americans and Privacy: Concerned, Confused and Feeling Lack of Control Over Their Personal Information".

Porter, M. E., & Heppelmann, J. E. (2014). How Smart, Connected Products Are Transforming Competition.

Porter, M.E., 1979. How Competitive Forces Shape Strategy. Harvard Business Review, March-April.

Porter, M.E., 1985. Competitive Advantage: Creating and Sustaining Superior Performance. Free Press, New York.

Porter, M.E., van der Linde, C., 1995. Toward a New Conception of the Environment-Competitiveness Relationship. Journal of Economic Perspectives, 9(4), 97-118.

Prahalad, C.K., Hamel, G., 1990. The Core Competence of the Corporation. Harvard Business Review, May-June.

Provost, F., & Fawcett, T. (2013). Data Science pour les affaires.

Pulizzi, J. (2011). Epic Content Marketing. New York: McGraw Hill.

Pulizzi, J. (2012). Epic Content Marketing: How to Tell a Different Story, Break through the Clutter, and Win More Customers by Marketing Less. McGraw Hill Professional.

Pulizzi, J. (2014). "Epic Content Marketing." McGraw Hill.

PwC. (2019). "Global Consumer Insights Survey".

Qualman, E. (2012). Socialnomics: How Social Media Transforms the Way We Live and Do Business.

Revella, A. (2015). Buyer Personas: How to Gain Insight into your Customer's Expectations, Align your Marketing Strategies, and Win More Business. Wiley.

Reynolds, S. (2017). The Future of Fashion Retail.

Ries, E. (2011). The Lean Startup: How Today's Entrepreneurs Use Continuous Innovation to Create Radically Successful Businesses. Crown Business.

Riley, M., Elgin, B., Lawrence, D., & Matlack, C. (2014). Missed Alarms and 40 Million Stolen Credit Card Numbers.

Rosenbloom, B. (2011). "Marketing Channels." 8th Edition. Cengage Learning.

Salesforce (2019). Intégration de l'IA dans le CRM.

Schmitt, B. (2011). "Experience Marketing: Concepts, Frameworks and Consumer Insights." Foundations and Trends® in Marketing.

Schneider, R. (2019). Personalized Marketing in the Age of IoT.

Schultz, D. E., & Peltier, J. W. (2013). Multi-Channel Marketing Foundations.

Schwartz, B. (2012). The Paradox of Choice: Why More Is Less. New York: Harper Perennial.

Scott, D.M. (2013). "The New Rules of Marketing and PR." Wiley.

Shimp, T. A. (2010). "Advertising, Promotion, and Other Aspects of Integrated Marketing Communications." 8th Edition. South-Western College Pub.

Smith, D. (2015). Segmentation and Positioning for Strategic Marketing Decisions. Chicago: American Marketing Association.

Smith, H. J., Dinev, T., & Xu, H. (2011). Information Privacy Research.

Smith, K. (2016). Segmentation and Targeting in Digital Marketing.

Smith, R. (2020). Analytics and Insights: Measuring for Success. Digital Metrics Editions.

Solis, B. (2015). "X: The Experience When Business Meets Design." Wiley.

Solomon, M. R. (2014). Consumer Behavior: Buying, Having, and Being. Pearson Education Inc.

Solon, O. (2018). "Facebook says Cambridge Analytica may have gained 37m more users' data". The Guardian.

Statista (2021). Number of internet users worldwide.

Tiago, M. T. P. M. B., & Veríssimo, J. M. C. (2014). Digital marketing and social media: Why bother? Business Horizons, 57(6), 703-708.

Turnbull, O. (2019). The Proactive Approach: IoT in After-Sales Service.

Turner, L. (2018). Navigating the World of Online Marketplaces. E-commerce Strategies.

Turner, V. (2015). The connected home: The future of domestic life.

Tuttle, B. (2012). The Future of Shopping. TIME Magazine.

Van Doorn, J., et al. (2017). "Service encounters, experiences and the customer journey: Defining the field and a call to expand our lens". Journal of Business Research, vol. 79.

Verhoef, P. C., Kannan, P. K., & Inman, J. J. (2007). From Multi-Channel Retailing to Omni-Channel Retailing. Journal of Retailing, 91(2), 174-181.

Vermesan, O., & Friess, P. (2014). Internet of Things: Converging Technologies for Smart Environments and Integrated Ecosystems.

Voigt, P., & Von dem Bussche, A. (2017). "The EU General Data Protection Regulation (GDPR)". Springer International Publishing.

Wilson, F. (2018). Geolocation Strategies for Retail Brands.

Wind, Y. & Mahajan, V. (2002). Digital Marketing. John Wiley & Sons.

Zapier (2018). Automatisez votre flux de travail avec des intégrations.

webglober.com

www.ingramcontent.com/pod-product-compliance
Lightning Source LLC
Chambersburg PA
CBHW070033300526
45794CB00001B/472